DONDE ESTÉ MI CORAZÓN

Edición a cargo de: Javier Navarro
Ilustraciones: Birgitte Frier Stewart

EDICIÓN SIMPLIFICADA PARA
USO ESCOLAR Y AUTOESTUDIO

Esta edición, cuyo vocabulario se ha elegido entre las palabras españolas más usadas (según CENTRALA ORDFÖRRÅDET I SPANSKAN de Gorosch, Pontoppidan-Sjövall y el VOCABULARIO BÁSICO de Arias, Pallares, Alegre), ha sido resumida y simplificada para satisfacer las necesidades de los estudiantes de español con unos conocimientos un poco avanzados del idioma.
El vocabulario ha sido seleccionado también de los libros de texto escolares "Línea", "Encuentros" y "Puente", comparado con "Camino" y "Un nivel umbral" del Consejo de Europa.

Editora: Ulla Malmmose

© Jordi Sierra i Fabra
© Spanish edition, edebé, 2005 –
First published in Spain by Grupo edebé – www.edebe.com

Copyright © 2013 EASY READERS, Copenhagen
- a subsidiary of Lindhardt og Ringhof Forlag A/S,
an Egmont company.

ISBN Dinamarca 978-87-23-90802-5
www.easyreaders.eu
The CEFR levels stated on the back of the book
are approximate levels.

Easy Readers
EGMONT

Impreso en Dinamarca

BIOGRAFÍA

Jordi Sierra i Fabra (Barcelona, 1947) empezó a ser escritor gracias a su otra gran pasión: la música. En sus primeros años trabajó para la radio y para periódicos como comentarista musical. Más tarde fundó revistas musicales y escribió numerosas biografías sobre músicos así como obras generales sobre el pop y el rock; por ej. una *Historia de la Música Rock* en seis volúmenes.

En los años ochenta, tras varios éxitos como autor de literatura de adultos, se intensifica su trabajo como autor de literatura juvenil, convirtiéndose con el paso de los años en el autor español con mayor éxito en este género. Su obra se caracteriza por saber transmitir los sentimientos de sus jóvenes protagonistas, generalmente femeninos. Jordi Sierra i Fabra parece no haber olvidado nada de lo que se siente a los dieciocho años.

La colección Easy Readers ya ha publicado dos títulos más de este autor: *La música del viento* y *La memoria de los seres perdidos*. La novela aquí adaptada se publicó por primera vez en su versión original en 1998 y desde entonces ha tenido más de 15 reediciones.

PRIMER LATIDO

Uno

Tropezó y se cayó al suelo. Fue algo inesperado. Entonces apareció él a su lado.

-¿Te *has hecho daño*?

-No.

-Dame la mano.

¿Qué podía hacer ella? Le dio la mano y él la ayudó a levantarse. Una vez de pie, ella lo miró: era un poco más alto que ella, con un cuerpo bastante atlético. El pelo, muy negro. Pero lo que más le fascinaba eran los ojos, la nariz, los labios, en una simetría perfecta. Y esos ojos que la miraban de una forma muy directa, especial.

En otra situación le habría parecido atractivo.

-¿Estás bien?

-Sí, sí, no ha sido nada. Pensaba en mis cosas...

-Ya.

Él estaba *pálido* y en sus ojos había miedo, lo cual la *desconcertó* todavía más.

-No me ha pasado nada, en serio -quiso tranquilizarlo.

-Bueno, pues...

-Gracias.

-Vale.

-Adiós, hasta luego -se despidió ella.

---

hacerse daño, sentir dolor
pálido, blanco
desconcertar, sorprender, no saber qué pensar sobre algo

Mientras se alejaba, supo que él seguía mirándola y que en sus ojos había esa luz distinta a todas las miradas: un admirador.

Siguió andando sin *volver la cabeza*, pero lo hizo llena de nervios. Después se metió en una panadería, unos metros más lejos, y se sintió segura, aunque no sabía segura de qué.

Dos

Escuchó la voz de Carolina, su mejor, su única amiga de verdad, cuando ya casi llegaba a su casa.

-¡Montse!

Hacía calor, muchísimo. Montse dejó las dos bolsas con la compra en el suelo. Carolina andaba hacia ella. Le *envidió* su top y su minifalda. Ella llevaba una camiseta cerrada hasta el cuello y unos vaqueros. Todavía era difícil para ella saber que nunca podría llevar un top como Carolina o un biquini.

Nunca más.

-*¡Tía!* -dijo Carolina al llegar junto a ella-. No sabes las ganas que tengo de tener moto para poder venir a tu casa.

-¿Vienes a bañarte? -le preguntó Montse.

-No, no puedo. Te he visto y solo quería preguntarte qué haremos esta noche.

-Vamos al *Casino*, ¿no?

---

volver la cabeza, mirar hacia atrás
envidiar, querer tener algo de otra persona; el sustantivo es la envidia
tía, chica; es un modo familiar de hablar de una chica
Casino, es como un bar; no es un lugar típico para jóvenes

-Bueno -dijo Carolina.

-Oye -Montse no esperó ni un momento más; quería contárselo -. ¿Recuerdas al chico del sábado?

-El que te miraba todo el rato.

-Sí.

-Claro que lo recuerdo, ya te dije que era muy *mono*.

-Pues acabo de verlo.

-¡Ah, sí? ¿Y...?

-Hemos hablado.

-¿Qué? -la cara de su amiga cambió-. Cuenta, cuenta.

-Nada. Iba por la calle, he tropezado y... me he caído.

-¡Oh, Dios! Y él...

-Estaba allí. Pero es que además ha aparecido como por magia, ¿entiendes?

-Y te ha ayudado a levantarte.

-Sí.

-¡Lo sabía, lo sabía! -dijo Carolina con alegría-. Ya te lo dije. ¿Qué tal?

-Nada.

-¿Cómo que nada? ¿Cómo se llama? ¿Quién es? ¿Habéis quedado?

¡Eh, *alto*! -dijo Montse-. Me he caído, él estaba allí, me ha ayudado y eso ha sido todo.

-Oye, Montse, ¿tú crees en la suerte?

-No sé.

-Pues yo no. Él estaba esperando su oportunidad.

-La ha tenido y no me ha dicho nada.

---

mono/a, persona guapa, atractiva
¡alto!, se dice para que alguien no hable más

-Porque es *tímido*. Estaba nervioso, ¿verdad?
-Bastante.
-Normal, ¿qué quieres? Tú le gustas y él es tímido...
-Carolina...
-Yo no digo nada -dijo Carolina-, pero ya sabes lo que pienso: necesitas un poco de *marcha* después de lo de Arturo.
-Bueno, vale ya, ¿no? -dijo Montse.
Carolina se dio cuenta de que había *metido la pata*.
-Vale, lo siento -dijo-. No volveré a nombrar a Arturo.
-No es eso -dijo Montse-. Es que... -pero no encontró palabras para explicar lo que sentía.
-Te ayudo con las bolsas y me voy después -dijo Carolina.
-¡Eh, dame al menos una!
Pero Carolina ya estaba cinco metros más lejos e iba hacia su casa.

Tres

"Todos me tratan como a una enferma", pensó. Ya no lo era.
¿O sí?
A veces pensaba que toda su vida la tratarían así.
-¿Cómo estás, *cariño*?

---

tímido/a, persona que tiene nervios o miedo cuando habla con otras personas
marcha, ir de marcha es salir, ir a bares y discotecas...
meter la pata, decir o hacer algo no adecuado, que molesta a la otra persona
cariño, así podemos llamar a alguien a quien queremos

Allí estaba su madre. La había visto llorar tantas veces que prefirió responder con ironía.

-Yo diría que estoy un poco mejor que hace un rato, y también mejor que ayer. Pero solo un poquito. Pero muchísimo mejor estaré mañana y dentro de un año...

-¡Ay, hija! -dijo la madre-. Al final, no voy a poder preguntarte.

-Mamá, si es que me preguntas cada cinco minutos.

-No es verdad. Es que tú has querido ir a hacer la compra y traer bolsas.

-Mamá, ¡es que tengo que hacer ejercicio!

La madre empezó a sacar la comida que había en las bolsas. Montse pensó en irse a su habitación para ponerse el *bañador*, pero miró otra vez a su madre.

bañador

-Mamá -dijo-, tengo que hacer ejercicio.

-Si ya lo sé -dijo la mujer con los ojos *húmedos*-. Pero todavía tengo esa sensación de que...

No pudo decir más porque entonces apareció Julio, el hermano mayor de Montse, que se acababa de levantar a pesar de la hora que era. Antes iba siempre a la nevera sin saludar a nadie ni abrir la boca.

Pero eso era antes.

Mucho antes.

-Hola, ¿cómo estás hoy? -preguntó mirándola con interés.

| *húmedo/a*, mojado; significa que la madre tiene ganas de llorar

-Es mejor no preguntar -dijo su madre-. Le molestan todas las preguntas.

Montse tuvo ganas de gritar, pero eso habría sido demasiado.

Una cuarta persona entró en ese momento: su hermano pequeño, Dani. Entró en la cocina hablando, como era su costumbre.

-¡Ya he terminado los deberes! ¿Puedo ir a la pisci...? Entonces vio a su hermana y dejó de hablar.

-¿Pasa algo?

Por lo general su hermano antes le hacía la vida imposible. Pero ahora, cuando estaba ella, caminaba en silencio y la miraba como a alguien que va a morir en unos segundos.

¿Cómo podía llevar una vida normal así?

Montse salió de la habitación sin decir nada más.

Cuatro

Se sentía diferente.

Un año antes, el verano había sido como todos. Es decir: horrible porque tuvo que quedarse en *Vallirana*, sin ir a ningún sitio de vacaciones. Pero maravilloso porque había podido estar con Arturo.

Un año, solo eso. Y en ese tiempo...

Pero estaba viva. Eso es lo único importante. Viva.

Aunque todos le recordaban siempre que era un *milagro*. Todos.

Vallirana, pueblo cerca de Barcelona, según el libro con unos 5.000 habitantes

milagro, algo increíble; Jesús hacía milagros

Por eso todo había cambiado. Los demás no se daban cuenta, porque no podían meterse en su corazón. Quizás todos deberían ir a un psiquiatra. Ella, su familia, el pueblo entero.

5 El silencio de su habitación era agradable. Solo allí se sentía bien. Era lo único que tenía solo para ella. Más allá de la puerta estaba el resto del universo: su madre, en la cocina, pensando en su hija. Su padre, en el trabajo, pero también con miedo de oír el teléfono. 10 Carolina, que siempre quiere ayudarla, aunque a veces su energía era excesiva.

Montse empezó a quitarse la ropa delante del espejo para ponerse el bañador. Un bañador no muy bonito, el único que había encontrado cerrado hasta 15 el cuello. Se quitó la camiseta, los pantalones, la ropa interior. Cuando estaba desnuda, se vio un momento en el espejo.

Cerró los ojos y no quiso verse.

Entonces se dio cuenta de lo absurdo 20 que era lo que hacía. Si ella no quería ver la realidad, ¿por qué lo exigía de su familia?

Dudó, pero fue solo un instante.

Entonces por primera vez se miró 25 bien en el espejo.

La *cicatriz* nacía en el cuello y bajaba horrible por el cuerpo hasta el *ombligo*. Era como una *cremallera* que no se abría. Una cremallera ro-30 sada que pasaba entre sus *pechos* jóvenes y hermosos. Era horrible y eterna, pero sabía que era la puerta de su nueva vida.

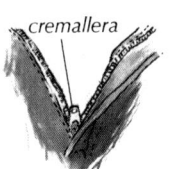

Llevó su mano derecha hacia ella y la tocó.
¿Era la primera vez que lo hacía?
No, pero sí de aquella forma. Cerró los ojos y escuchó los *latidos* de su corazón.
Su corazón.
La vida es muy extraña. Solo cuando estamos a punto de perderla, nos damos cuenta de lo que vale.
Tiempo. Necesitaba tiempo.
Porque estaba aprendiendo a vivir de nuevo.

Cinco

Carolina le *dio un codazo*.
-¡Está ahí!
-¡Ay! -protestó Montse-. ¿Quién está ahí?
-¡Él!
-Pero....

dar un codazo

-¡No lo mires! ¿Estás loca?
-Tía, vale ya. ¿Quién está ahí?
-¡El tímido! ¿Quién va a ser?
No se lo dijo a Carolina, pero ella había pensado en Arturo.
-Bueno, ¿y qué?
-Es que nos ha visto, ¡y viene hacia aquí!
Esta vez Montse sí se puso nerviosa. Carolina había hablado sin casi abrir la boca y ahora miraba hacia otro lado.
-Hola -escuchó la voz del chico detrás de ella.

latido, el "tam, tam, tam, tam" que hace el corazón

Esta vez Carolina sí lo miró: él llevaba una camisa muy bonita y unos vaqueros.
-Hola -contestó Carolina con una sonrisa.
El chico miró a Montse.
-¿Qué tal?
-Bien.
-Me alegro.
-¿No quieres sentarte? -preguntó Carolina a la primera oportunidad.
-Bueno, no quiero molestaros, solo...
-Tú no eres de aquí, ¿no? -continuó Carolina.
-No. Acabo de llegar al pueblo y no conozco a nadie, la verdad.
-Pues entonces ya nos conoces a nosotras. Siéntate y no *te hagas el interesante*.
-¿De verdad no os importa? -dijo el chico mirando a Montse.
Y se sentó entre las dos.

Seis

-¿De dónde eres? -le preguntó Carolina.
-De *Tarragona*.
-¿Y qué haces aquí?
-Busco trabajo.
-¿Aquí? Todo el mundo se va a buscar trabajo a Barcelona y tú vienes aquí. ¡Pero si esto es un pueblo!

---

hacerse el interesante, querer que los otros te pregunten y se interesen por ti
Tarragona, ciudad en Cataluña, a unos 100 kilómetros de Barcelona

—Ya, pero me gusta. Estos bosques, las montañas...
—¿Y dónde vives?

Las preguntas las hacía Carolina, pero él miraba a Montse.

—¿Aquí o en Tarragona?

—Aquí, hombre, aquí. Para qué quiero yo saber tu dirección en Tarragona.

—En la pensión La Rosa, hasta que encuentre algo mejor.

—¿Cómo te llamas? -preguntó Montse *de pronto*.

—Sergio -respondió. En sus ojos había una luz llena de expectativas.

—Ella es Carolina y yo soy Montse.

—¡Vaya por Dios! -dijo Carolina-. ¡Tengo que irme!

Montse se puso nerviosa.

—Pero si... -intentó decir.

—¡Lo siento, *cielo*! -Carolina ya estaba de pie y hablaba deprisa-. ¿No te he dicho que tenía que ver a Ismael? ¡Qué cabeza! -Montse quiso levantarse, pero ella no lo permitió-. Oye, tranquila, que es algo privado.

—Volverás, ¿no? -quiso saber Montse.

—No lo sé, pero no me esperes -después miró a Sergio-. Me alegro de conocerte, de verdad. Nos vemos, ¿eh? Vale, chao.

Y, sin esperar más, se alejó.

—Vaya -comentó él-. ¿Quién es ese Ismael?

Montse no le dijo que ella también se estaba preguntando lo mismo.

---

de pronto, sorprendentemente, sin esperarlo
cielo, es como cariño; se lo decimos a alguien que queremos

Siete

Los dos caminaban. Montse iba hacia su casa, aunque no se lo dijo. Ella se sentía bien, aunque él era el primer chico en muchos meses con el que hablaba. En esos treinta o cuarenta minutos de intimidad habían hablado de un montón de cosas, de música, deportes y *evitaban* hablar de temas más conflictivos o personales. Y era absurdo. Acababan de conocerse.

Aunque a Sergio se le notaba que ella le gustaba.
-¿Vives aquí todo el año?
-Sí.
-¿Y qué tal?
-Siempre he vivido aquí, no sé -contestó.
-A mí me encanta viajar, moverme -dijo él-. Me gustaría ver el mundo, las pirámides de Egipto, *Palenque* en México, *Petra*, *Katmandú*...
-Pues de momento has llegado a Vallirana -se rio ella-. No está mal. ¿Por qué te has quedado aquí?
-Pues... -Sergio miró hacia otro lado por un instante-, fue *casualidad*. Me gustaba esta zona y a veces venía con mi moto. Un día vi esto y me dije que era perfecto. No me preguntes por qué.
-Y estás aquí.
-Y estoy aquí.
-Yo sí que estoy aquí -Montse señaló su casa-. Aquella es mi casa.

---

evitar, no querer
Palenque, ruinas mayas en el sur de México
Petra, ciudad de época romana en Jordania
Katmandú, capital de Nepal, con muchos palacios budistas antiguos
casualidad, suerte

A Sergio se le notó la *desilusión*, pero prefirió no preguntar.
-Gracias por dejarme acompañarte -dijo.
-No seas tonto. Adiós.
-Adiós.
Eso fue todo.

Ocho

La despertó su madre, llamando a la puerta del dormitorio.
-Montse, que te llama Carolina.
-Voy, ya voy -dijo ella.
Abrió un ojo y miró la hora en el reloj. Era tardísimo. Salió de la cama y fue hacia el teléfono del salón.
-¿Qué? -dijo.
-Eso, ¿qué? -dijo Carolina llena de energía.
-Eres una *cerda*. Te fuiste a los dos segundos.
-Bah, tía. Es tímido, hay que darle más oportunidades que a los demás. A ver, ¿no te gusta?
-Si es que no es eso. ¿Por qué todo tiene que ser blanco o negro?
-Mira, en esto es blanco o negro, ¿vale? Si no te gusta, *me lo quedo* yo. ¡Pero si es monísimo! Cuenta, ¿os habéis besado...?
-¡No pasó nada! -dijo Montse.
-Le gusta . ¡Huy, cómo le gusta! Amor a primera vista. ¡Podrías pasarte un verano maravilloso!

desilusión, decepción; algo que no esperamos y nos pone tristes
cerda, aquí significa mala amiga
quedarse algo, tener algo para uno mismo

-Yo no quiero pasarme un verano maravilloso.

-Pues estamos en verano, ¿sabes? Y los veranos o se pasan maravillosamente o se pasan fatal, porque solo hay uno cada año, mejor dicho, solo hay uno cuando se tiene diecisiete años. A ver, ¿qué pasa?

-Nada -respondió Montse.

-Vamos, que soy tu amiga: ¿qué te pasa? Tienes miedo.

-¡No!

-Jo, qué cerrada eres. ¿Es por...?

-¡No! -volvió a gritar Montse antes de oír la pregunta-. Estoy bien.

-¿Seguro?

-Seguro. Son los demás los que siempre me recuerdan mi operación.

-Bueno, la verdad es que puedo entenderlo -la voz de Carolina era ahora diferente-. Tú eres más fuerte que yo, ¿sabes? Yo sí tendría miedo...

-Carolina -Montse quería hablar de otra cosa-, ¿has visto su ropa?

-Sí, ¿lo has notado? Viste demasiado bien para estar buscando trabajo, ¿verdad?

-Hay algo en él que... no sé.

-Oye, no pienses en tonterías. Tú espera a ver qué pasa.

SEGUNDO LATIDO

Nueve

El doctor *Molins* miró la línea estable que había dejado el *electrocardiograma* en la larga hoja de papel.
 -Bien, muy bien -comentó-. Perfecto.
 -Me alegro -dijo ella.
 -Nadie diría que has tenido una operación.

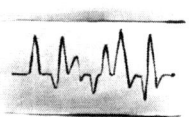
electrocardiograma

 Montse cerró los ojos y respiró con fuerza. Era solo un *examen* rutinario, pero, siempre que entraba en la *consulta*, sentía una fuerte agitación. Un año antes estaba perfectamente, y luego...
 La vida podía cambiar en un segundo.
 El médico le quitó los cables y ella comenzó a vestirse. Cuando terminó, el médico ya se había sentado al otro lado de la mesa.
 -Siéntate -le pidió.
 A Montse le gustaba el médico, y no solo porque *había salvado* su vida. Era un buen hombre, lleno de sensibilidad y compresión.
 -Cuéntame -le pidió-. ¿Ya nadas, caminas, haces ejercicio?
 -Sí, sí.
 -¿De verdad? Se trata de actuar con normalidad.
 -Lo hago.

Molins, apellido catalán; en español sería Molinos
examen, aquí es la comprobación del médico para saber si todo está bien
consulta, lugar de trabajo del médico
salvar, hacer que una persona no muera

-¿Del todo?

Montse miró un momento al suelo.

-Lo intento.

-Es lógico -aceptó el hombre-. Crees que cualquier *esfuerzo* puede provocar algo *irreparable*. Por eso es importante llevar una vida normal. Estás bien, Montse. Tu corazón lo sabe, y ahora es básico que también lo sepa tu cabeza. ¿Qué tal en casa, con tu familia?

-Ese es el problema -dijo Montse-. Me tratan como a una *inválida*.

-Es comprensible.

-Ya, y lo entiendo, pero a veces es demasiado. Me basta con mirarlos y vuelvo a recordar todo.

-He hablado con ellos, pero es difícil hacerles entender cuál es su papel. Por eso quería verte a solas.

-Gracias, me siento mucho más cómoda sin ellos.

-¿Y de amores?

A Montse le sorprendió la pregunta. Era la primera vez que el médico hablaba de este tema. No supo qué decir.

-Normal.

-Entonces recuerda que, aunque se dice en las novelas y en las películas, el amor nunca ha roto realmente un corazón, ¿de acuerdo?

-De acuerdo -se rio Montse.

---

esfuerzo, mucho ejercicio, actividad excesiva
irreparable, definitivo, que no tiene solución
inválido/a, persona con una enfermedad permanente o persona a la que le falta una parte del cuerpo

Diez

Normalidad.

Una palabra sencilla, fácil de pronunciar, difícil de poner en práctica.

-¿Qué te ha dicho el doctor Molins?

Su madre había tardado exactamente siete minutos en preguntárselo. Un récord. El padre llevaba el coche por Barcelona para ir hacia la autopista.

-Nada.

-Pero si habéis estado un montón de tiempo solos.

-Me estaba examinando. Tú crees que un médico se pone a hablar siempre.

-No, pero...

-Además, si me pasa algo, el médico te lo va a decir a ti o a papá.

-Pero no entiendo por qué no podemos estar delante...

-Maite -dijo el marido a su mujer.

-Mamá, si estás tú delante, no dejas de hablar.

-Ya está -*se enfadó* la madre-. Es normal que quiera saber cómo estás, ¿no?

-¡Pero si es que estoy bien!

-Ya estás gritando, ¿ves? -dijo la madre-. A ver si te va a pasar algo.

-¿Lo ves? -Montse miró a su padre en el espejo del coche-. ¡Estoy bien, así que puedo gritar, enfadarme y hacer lo que quiera! ¡Ya está bien, por Dios!

Estas palabras fueron demasiado. Su madre empezó a llorar.

-Vale ya, Maite -le dijo su marido-. ¿No ves que así no la ayudas? Bueno, ni a ella ni a nadie.

---

enfadarse, ponerse furioso, ponerse de mal humor

-Sí, ya -dijo la mujer, que seguía llorando.

Aunque la actitud de su madre le molestaba, Montse sabía que tenía que aceptarlo. Ellos eran una familia, para lo bueno y para lo malo, y más cuando era muy malo. De hecho la que estaba ahora enferma era su madre, siempre nerviosa. Probablemente nunca dejarían en paz a Montse.

Y tenía que vivir con ello.

Once

Acababa de llegar y se había sentado sola cuando apareció él, tan misteriosamente como siempre.

-Hola.

-Hola -respondió ella a su saludo.

Sergio se quedó de pie, esperando una invitación a sentarse. Ella quiso esperar unos segundos su reacción, que no llegó.

-¿No te sientas? -dijo finalmente.

-Bueno... Sí, gracias -luego buscó un tema para hablar-. ¿Y tu amiga Carolina?

-En Barcelona, con sus padres.

El poco público que había en el *polideportivo* gritó en ese momento por un gol de su equipo de balonmano.

-¿Quién gana?

-Ni idea, acabo de llegar y me he sentado aquí como podía haberlo hecho en la piscina. No me gustan mucho los deportes. Oye, ¿has encontrado ya trabajo?

-No.

| *polideportivo*, edificio donde se pueden practicar diferentes deportes

-Pues no va a ser fácil. Mira, aquí hay unas cinco mil personas, aunque la mayoría de las personas viven aquí solo en verano. Eso quiere decir que es un pueblo sin industrias, solo la fábrica de chocolate. A lo mejor estarías mejor en otro sitio.
-Bueno, no tengo prisa -dijo él-. Ya te dije que tengo algo de dinero.
-¿Qué hacías antes de venir aquí?
-Estudiar.
-¿Y tu familia?
Sergio dejó de mirarla y miró hacia los jugadores de balonmano. Montse se dio cuenta de que su pregunta había sido *inoportuna*.
-Perdona -dijo-. A veces olvido que a mí tampoco me gusta mucho hablar de algunas cosas.
-No, no, qué va -*fingió* indiferencia-, no hay mucho que decir. Necesitaba estar solo y por eso me he ido.
-Ojalá pudiera hacerlo yo también.
-¿Por qué?
Esta vez fue ella la que no respondió.
-Vale, perdona, uno a uno -dijo él.
Sintió que él la miraba, así que ella miró a los jugadores. Se dio cuenta de que no le importaba su mirada. No era como la miraban los habitantes del pueblo después de la operación, ni la mirada de los chicos que querían *ligar* con ella antes de sus problemas con el corazón. La mirada de Sergio era como una *caricia* con los ojos, una mirada que transmitía tranquilidad, una sensación de absoluta normalidad. Había llegado

inoportuno/a, en un momento no adecuado, en mal momento
fingir, hacer como si, disimular
ligar, conocer a alguien del otro sexo para tener una historia amorosa
caricia, tocar a una persona o a un animal con la mano, con amor

a creer que nunca la mirarían como lo hacía Sergio, si es que alguien lo había hecho alguna vez.

Había creído que nunca sentiría otra vez lo que estaba sintiendo ahora.

Aunque era solo un juego: chico, chica, verano...

Pero, si era solo un juego, ¿por qué se sentía como se sentía?

-Yo antes hacía muchos planes sobre el futuro -se oyó Montse a sí misma-. Ahora sé que lo importante es vivir cada día.

-Yo pienso lo mismo, aunque sé que no es así.

-¿Por qué?

-Porque no es posible vivir sólo el momento, siempre hay algo más, un más tarde, un mañana.

En ese momento él notó que ella estaba completamente pálida. Busco la dirección de la mirada de ella y vio la causa de esa mirada. En el otro lado del polideportivo un chico joven, de dieciocho o diecinueve años, también miraba hacia ella. Iba con otro chico y dos chicas.

Fueron solo unos segundos.

Ella se puso en pie.

-Vámonos -le pidió.

Sergio no tuvo tiempo de nada más. Ella ya caminaba unos metros delante de él.

Doce

Volvieron a hablar cuando ya estaban fuera del polideportivo, aunque ella no dejaba de caminar.

-¿Quién era?

-¿Quién era quién?

-Ese, el que te ha puesto furiosa.
-No estoy furiosa.
-Vale...
Montse dejó de andar.
-Era un amigo, nada más -le dijo sin mirarle a los ojos-. Un amigo que no *se portó* muy bien y ya está.
Esperaba una nueva pregunta, pero Sergio no la hizo. Pareció aceptar su sencilla explicación. Comprendió que él no era como los demás. Él era un buen tío. Y comprendió que le gustaba.
Carolina tenía razón.
Siempre la tenía.
Le gustaba, y eso era increíble.
Tan rápido.
-Perdona -le dijo mientras volvía a andar-, no me hagas caso.
-Es la segunda vez que me pides perdón en poco rato y no tienes por qué hacerlo -dijo él-. La verdad es que pregunto demasiado.
-No, en serio, me has conocido en un mal momento, eso es todo. Por lo general no soy así. Hay incluso quien piensa que soy simpática -pudo reírse un poco.
-Hay epidemias de momentos malos, ¿verdad?
-El mío fue terrible -dijo ella.
-Pero ahora... ¿estás bien?
-No lo sé. Cuando a una le pasa algo, siempre queda algo.
-¿Has estado enferma?
-Sí -reconoció.
Esperaba otra vez la siguiente pregunta. No quería hablar de ello, ni de nada, y menos con él, allí y aho-

portarse, actuar

ra. Por eso los segundos fueron muy largos, pero Sergio no le preguntó más. Pensó que él la entendía, que entendía que no quería hablar de ello.

Sin duda no quería hablar de su enfermedad.

Pero sí de otras cosas.

Por primera vez.

-Se llama Arturo -dijo finalmente- y salíamos juntos hace un año.

-¿Erais novios?

-Sí, más o menos.

-¿Y después?

-Se terminó... Bueno -dijo en voz más alta-, él dejó de verme.

-Se volvió loco.

-Oh, sí, se volvió loco -se rio Montse.

-Se le notaba: acababa de salir del *manicomio*.

-Su familia viene al pueblo en verano. Hacía mucho tiempo que no lo veía.

-¿Fue por... esa enfermedad de la que me has hablado?

-Sí.

-Entonces no se portó bien contigo.

-No, no se portó bien.

-¿Lo odias?

-No -pero su respuesta no pareció muy clara.

-¿Todavía lo quieres?

Ella lo miró directamente a los ojos.

-Eres un preguntón, ¿eh?

-Sí -reconoció Sergio con un movimiento de resignación de la cabeza.

Los dos se echaron a reír, solo un poco, pero al

| *manicomio*, casa en la que viven los locos

mismo tiempo. Y bastó para terminar con la tensión de la conversación.

Tal vez por eso Montse se oyó a sí misma decir algo que no esperaba, pero algo que estaba dentro de ella.

Algo tan simple como:

-No, ya no lo quiero.

Trece

Sergio pagó al camarero. En el bar de la piscina, su mesa no estaba precisamente en el lugar más tranquilo. De vez en cuando alguien pasaba y saludaba a Montse. Sergio se lo comentó.

-Nunca te he visto con nadie, salvo con Carolina.

-Es que ella es mi mejor amiga, y a veces pienso que mi única amiga también.

-Sin embargo todo el mundo te conoce.

-Esto es un pueblo, nos conocemos todos. Pero para mí ya ha pasado la época de las *pandillas*.

-¿A causa de... ese mal momento?

-Sí, supongo.

-Pareces *haber madurado* mucho por culpa de eso.

-¿Ah, sí? -preguntó con interés-. Pero tú no me conocías antes, así que no puedes saberlo.

-No te conocía, pero acabas de decir que se te ha pasado la época de las pandillas, y a tu edad lo más normal es salir en pandilla.

-Dices lo de "a tu edad" como si tuvieras... qué sé yo, treinta años.

pandilla, grupo de amigos
madurar, ser mayor, tener más edad

-A veces creo que los tengo.
-No me digas.
-Todos pasamos malos momentos, no eres la única.
-¿Cuál ha sido el tuyo?
-¿Y el tuyo?
-Yo he preguntado primero.
-Está bien, tienes tan pocas ganas como yo de recordar lo que no te gusta.
-Vale.

Montse tenía que empezar a despedirse. Cena a las nueve y media. Y no estaba muy segura de querer verlo después.

Sin saber por qué, entendía que volver a verlo podía ser un juego peligroso.

Sergio pareció leer sus pensamientos.
-¿Saldrás después?
-No, hoy no. Voy a ver un programa en la tele.

Ella leyó la decepción en la cara de Sergio.
-¿Y mañana por la mañana? ¿Por qué no nos vemos aquí, en la piscina?
-Nunca vengo a la piscina del pueblo -dijo ella-. Tenemos una en casa y prefiero bañarme allí. Menos gritos y esas cosas.
-¿Quedamos el veinticinco de febrero del año que viene?
-¿Qué? -se rio ella.
-Supongo que, si te pregunto ahora, no habrá problemas.
-Bueno -siguió riéndose ella-, después de la mañana viene la tarde.
-Vale, entonces... ¿nos vemos por la tarde?
¿Era una cita?

-Sí, claro, estaré por aquí. Pero ahora *he de irme*.
-Te acompaño.
Ella no le dejó ponerse en pie.
-No, no hace falta.
-Pero si no tengo nada que...
-Sergio, que no, gracias.
En la mirada de ella no había ninguna duda.
-Hasta mañana -dijo después con un sonrisa como si pidiera perdón.
-Hasta mañana -respondió él.
Era la tercera vez que se despedían y la tercera vez que ella sentía su mirada mientras andaba. Pero no era la típica mirada de un admirador. Era una mirada llena de sentimientos que ella no podía explicar.

Catorce

Empezó a andar por la calle que subía hacia su casa cuando notó que alguien estaba cerca de ella. Al levantar los ojos, lo vio.
Arturo.
Se quedó paralizada. No se lo esperaba. Supo que estaba blanca por la sorpresa, aunque ahora, casi de noche, él no lo podía notar.
-Hola, Montse.
Estaba a unos cinco metros, de pie. Seguramente había estado esperándola. Montse intentó seguir caminando sin mirarlo, pero el chico la cogió por el brazo.

---

he de + *infinitivo*, es igual a tengo que + infinitivo
quedarse paralizado/a, no poder moverse por la sorpresa

-Espera, por favor -le pidió Arturo.

-¿Qué quieres? -lo miró con una mirada llena de *desprecio*.

-¿Cómo estás?

-¿Es eso? ¿Te interesas solo por mi salud? Pues ya lo ves: muy bien. ¿No se nota?

-¿De verdad estás bien?

-¿A ti qué te parece? No parezco una muerta, ¿verdad?

-Eres injusta -dijo él resignado.

-¿Yo? ¿Injusta yo? -en la voz de Montse había sorpresa.

-No tuve muchas opciones.

-Tuviste una -Montse se puso la mano en el pecho-: yo. Pero no quisiste estar conmigo.

-¿No lo entiendes? No quería verte...

-¿Qué, no querías verme morir? Vamos, puedes decirlo, no tengo miedo a oírlo.

El chico bajó la cabeza. Por la cabeza de Montse pasaron muchas sensaciones y recuerdos.

Y había pasado solo un año, aunque ya parecía otro tiempo.

-El amor es hasta el final, ¿sabes? -le dijo-. No se ama para pasarlo bien y cuando llega un mal momento...

-Tuve miedo -dijo Arturo.

-¿Qué te crees que sentí yo? ¿Miedo tú? ¡Yo sí que tenía miedo y estaba sola! ¿Dónde estabas tú cuando me esperaba la muerte en el hospital? Mierda, Arturo, ¿dónde estabas?

---

desprecio, el desprecio es no querer a alguien, pensar mal de alguien

-Lo siento. Ahora...
-Ahora soy otra -ella no le dejó hablar.
-No es verdad.
-Sí lo es. Mírame.
El chico lo hizo. Ella no quería llorar. Él, en cambio, parecía roto.
-De acuerdo -reconoció el chico-, has cambiado. Ahora pareces más dura.
-Al contrario. Ahora amo la vida porque sé lo que significa poder perderla. Me siento mejor como persona, feliz y contenta. Pero aún tengo miedo, vivo y duermo con el miedo. Y es porque aún me siento sola. Pero sé que *saldré adelante*.
-Por favor, déjame que...
Volvió a no dejarle hablar.
-¿Quieres intentarlo de nuevo o es solo que te sientes culpable? Continúas siendo tan egoísta como ya lo eras antes.
-¿Egoísta?
-No me importa, en serio. Ya no. Me duele, pero no me importa. Yo estaba en el hospital y tú salías con Mercedes. Por cierto, ¿cómo está? Hace mucho tiempo que no la veo.
-Fue una locura, fue como fumarme unos *porros* o beber hasta *emborracharme* -quiso explicar él.
-No me vale -dijo Montse-. Te buscaste a otra y ya está, y además ella, ideal para hacerte olvidar, porque todo el mundo dice que es muy *fogosa*. Pero da

salir adelante, ser superior a los problemas
porro, hachís que se fuma, droga que se fuma
emborracharse, beber demasiado alcohol
fogoso/a, persona muy sexual

igual, de verdad. Dicen que el primer amor no se olvida y yo no te olvidaré, pero empiezo a comprender que lo nuestro fueron solo *fuegos artificiales*.

Por primera vez, después de haber hablado ella, Arturo la miró con dureza.

-¿Es por ese? -preguntó.
-¿Quién?
-Ya sabes quién. Ese con el que estabas.
-Es un amigo. Acaba de llegar al pueblo, aunque eso a ti no te importa.

fuegos artificiales

-Has estado un par de veces con él. Me lo han dicho.

-¡Genial! -exclamó Montse-. ¡Desde luego un pueblo es lo ideal para disfrutar de la intimidad!

De pronto pareció estar cansada de todo aquello.

-Bueno, ya vale, ¿qué quieres?
-Nada -dijo él con dolor.
-Entonces buenas noches -dijo ella.

Quince

-Quiere volver -dijo Carolina.
-No, no lo creo. Se siente culpable y nada más.
-Oye, lo que yo te diga: quiere volver -su amiga repitió.
-Pues no me dijo nada. Y no me importa. Ni le culpo. A fin de cuentas la mayoría de la gente todavía me ve como algo raro... un monstruo de Frankenstein.
-¡Hala!, ¿qué dices?
-En serio. Puede que aún me quiera, pero esto...

-Montse se tocó el pecho-. Mira, me da igual, en serio. Ya lo *he superado*.

-No habías vuelto a verlo, que es otra cosa. ¿Y Sergio?

La pregunta fue una sorpresa, porque no la esperaba y porque, desde que su amiga había llegado a su casa, no habían hecho otra cosa que hablar del encuentro de la noche pasada con Arturo. Ni siquiera se habían bañado. Estaban en las *tumbonas*, al sol, disfrutando de la mañana.

-¿Qué pasa con Sergio? -reaccionó Montse.

-"¿Qué pasa con Sergio ¿Qué pasa con Sergio?" -Carolina la imitó-. A ver, ¿qué quieres que pase? ¿Lo has visto?

tumbona

-Sí, ayer.

-¡Cuenta, cuenta!

-No hay nada que contar -dijo Montse despacio-. Estuvimos charlando un par de horas, nada más.

-¿Y habéis quedado?

-Para esta tarde.

-¡Huy, huy, huy! -se alegró Carolina-. ¡Una cita!

-No es una cita, solo hemos quedado.

-Ya, y yo soy Leonardo di Caprio. Te gusta, ¿lo ves?

-Pues no va a pasar nada, así que no *te hagas imaginaciones*.

-Oye -dijo Carolina en un tono más serio-. ¿Le has dicho ya lo tuyo?

-No, ¿por qué habría de hacerlo?

---

superar algo, no preocuparse, no pensar más en algo del pasado
hacerse imaginaciones, pensar en lo que va a pasar en el futuro

-¿Qué tiene de malo? No tienes el *sida* ni nada de eso, ¿vale?
-Quería ir conmigo a la piscina esta mañana -Montse bajó la cabeza.
5 -Y en lugar de aceptar, te quedas aquí.
-¿Tú te bañarías en público con este bañador?
-Tampoco es tan horrible -mintió Carolina-. Además, si sigue en el pueblo, alguien se lo contará. Todo el mundo lo sabe y si le ven contigo...
10 -Déjalo, no quiero pensar en ello.
-Si no quieres decírselo, es que Sergio te importa.
-A veces te odio.
-Y yo a ti -dijo Carolina con una sonrisa.

TERCER LATIDO

Dieciséis

Nada más salir de casa y cerrar la puerta, escuchó
15 los latidos de su corazón y supo que sí, que Carolina tenía razón. Aquello era una cita.
Su primera cita de verdad desde...
¿Por qué, si no, se había arreglado tanto? Había buscado la ropa más adecuada para estar bien y sen-
20 tirse guapa. ¿Por qué se sentía feliz? ¿Por qué se reía?
A lo mejor era una locura, pero desde su operación todo lo era. En otras circunstancias ya estaría muerta. Así que todo el tiempo que vivía era un regalo. Un regalo muy hermoso.

---

sida, enfermedad muy peligrosa, en inglés AIDS

Sí, le gustaba Sergio.
Era... diferente.
Había en él algo extraño, algo que no podía comprender. Cada vez que recordaba su cara, su timidez
y su inseguridad al conocerlo, lo veía lleno de una sensibilidad desconocida. A su lado, y solo había pasado con él algunas horas, se sentía a gusto.
¿Todo era absurdo? Tal vez. ¿*Prematuro*? Posiblemente. Y más después del encuentro con Arturo.
¿Qué sabía de Sergio? Nada. No era más que un misterio.
Un misterio.
Recordó la frase de su profesor: "La vida es un misterio por descubrir, no un problema que resolver".
Bienvenida al misterio.
Entonces vio a Sergio.
Sergio estaba en la puerta de la piscina, sentado sobre una hermosa moto de buena *cilindrada* que era la admiración de los *críos* y los menos críos que la estaban mirando.

Diecisiete

La música pasaba por encima de sus cabezas y llenaba el local. Montse abrió los ojos un momento. Le gustaba bailar con los ojos cerrados. Y hacía mucho que no bailaba, una eternidad. Ya casi no recor-

---

prematuro, demasiado pronto
cilindrada, centímetros cúbicos (cc) de una moto; una moto grande tiene muchos centímetros cúbicos
crío, niño

daba cuándo había sido la última vez, ni cuál era entonces su canción favorita.

Volvía a ser una chica normal.

Una chica normal saliendo con un chico... ¿normal?

Vestía bien, con clase, ya lo había comentado Carolina. Ahora, además, estaba la moto. No entendía mucho de motos como esa, pero, aunque él le dijo que no era más que una de 125 centímetros cúbicos, parecía cara.

¿Cómo podía estar buscando trabajo en Vallirana alguien con una moto así?

La música de repente se hizo más *estridente*, con más ritmo. Los dos dejaron de bailar y salieron de la *pista*.

-¿Qué quieres tomar?

-Una limonada.

-Vale, espera.

Sergio fue hacia la *barra* y se puso entre una rubia espectacular y una morena que le miraron *con descaro*. A Montse le pareció que la morena le decía algo.

De alguna forma supo que Sergio muy bien podía estar con ellas, por muchas cosas, desde el atractivo hasta la clase que parecían tener.

Pero no estaba con ellas, sino acompañándola.

Sergio pagó dos limonadas y fue hacia ella.

-Pues no está mal la discoteca -dijo él.

-Es lo único que hay -explicó ella-. Todo el mundo viene a *Molins*. ¿Y en Tarragona?

---

música estridente, música alta
pista, lugar donde se baila
barra, al otro lado de la barra está el camarero
con descaro, directamente, sin disimular
Molins de Rei, pequeña ciudad cerca de Vallirana; el nombre es catalán y en español se diría Molinos de Rey

Sergio la miró sin comprender.

-¿Qué solías hacer en Tarragona? -preguntó Montse.

-No demasiado, estudiar y todo eso. No voy mucho a las discotecas.

-Vaya, y yo te he traído a una discoteca.

-No, si me encanta estar aquí. No voy mucho a estos sitios porque, o vienes acompañado... Pero ahora estamos juntos.

-¿Por qué no sigues estudiando?

-Quiero hacerlo, pero de momento... -dejó de mirarla-, creo que necesito otras cosas, encontrarme a mí mismo, ¿no se dice así?

-Y si estudias, ¿qué harás?

-Iba a empezar *Arquitectura*.

-¿Arquitectura? -se sorprendió Montse.

-¿Tan extraño es que quiera hacer todo con calma?

-No, pero...

-Hace calor aquí -dijo él-. ¿Salimos fuera un rato?

Montse lo miró. No era una propuesta, sino una decisión. Y se dio cuenta de que, por alguna razón, de la misma forma que ella no quería hablar de su operación, Sergio no quería hacerlo de su pasado ni de su presente.

Dieciocho

La moto entró en la calle muy despacio y se paró delante de la casa de Montse. Lo hizo a unos diez metros. Sergio paró el motor y el silencio volvió al lugar.

Arquitectura, es un estudio que en España tiene fama de ser muy difícil

casco

Montse se bajó de la moto y se quitó el *casco*. *Se pasó una mano por el pelo*, no tan largo como hace un año. En el hospital no le habían dejado tener el pelo largo y al final a ella no le había importado. Sergio también se quitó el casco, pero seguía en la moto. Y la miraba con intensidad.

Ya no escondía sus sentimientos detrás del miedo o de los nervios.

Ella lo miró a los ojos.
-¿Qué pasa? -preguntó finalmente.
Había esperado todo menos sus palabras.
-Eres preciosa -dijo él.
Oyó los latidos de su corazón.
-No, no lo soy.
-Lo eres, no seas tonta.
-Entonces gracias.
-Es extraño -dijo Sergio-, la primera vez que te vi...
No terminó la frase y miró hacia el suelo. Montse deseaba que él hablara y se lo dijera todo. Necesitaba oírlo. Había tomado muchas medicinas para el cuerpo, pero ninguna para el *alma*.
-Sigue -lo invitó.
-No sé, me siento ridículo.
-¿Por qué?
-¿Cuántas veces te han dicho que eres preciosa?
-Ninguna, es la primera -le dijo la verdad.
Esperaba otra frase típica, como "todos están *ciegos*"

---

pasarse una mano por el pelo, tocar su propio pelo
el alma (las almas), parte espiritual de la persona, cuerpo # alma
ciego, persona que no puede ver

o "me alegro de haber sido yo el primero", pero él no dijo nada más. La miró y ella vio la intensa humedad de sus ojos.

-Sergio... -dijo ella.

No llegó a hacer ninguna pregunta. El chico reaccionó y cogió el casco de ella. Después se puso el suyo.

-Tengo que irme -dijo demasiado deprisa.

Ella no lo detuvo. Tampoco quiso hacerlo.

Diecinueve

-¿Que se fue? -dijo Carolina mientras andaban hacia la casa de Montse.

-Sí.

-Pero... -estaba claro que no lo entendía y repitió-. Pero...

-Fue increíble -dijo Montse-. En un momento me estaba diciendo que era preciosa y un momento después...

-Algo harías.

-Que no. Y parecía a punto de *echarse a* llorar.

-¡No! Ah, vale, ya lo entiendo.

-¿Qué?

-¿Es que no lo ves? Ya no es que le gustes, ¡es que *se ha colado*! ¡Se ha colado de verdad!

-¡Anda ya!

-Tía, se ha colado y tiene miedo. ¡Qué bonito! ¡Un romántico! ¡Un chico que puede llorar por lo que siente! ¿No tiene un hermano? Yo quiero a alguien que

---

echarse a + infinitivo, empezar a + infinitivo
colarse por alguien, estar muy enamorado de alguien

me diga que soy preciosa y después se ponga a llorar.
-¿Y si sabe lo de mi operación?
-Pregúntaselo.
-No puedo.
-Pues, entonces, díselo.

Las dos se detuvieron de pronto. Había un coche delante de la casa de Montse. Y un coche nada típico. Se podían ver bien las *siglas* de una *cadena de televisión*. Carolina miró a su amiga, que estaba seria. Notó la impresión y el cansancio que había causado ese coche.
-Por favor -le dijo Montse-, entra conmigo.
-Claro.

Veinte

Eran dos, un hombre y una mujer. Antes de entrar, en el coche, habían visto cámaras y otros aparatos, pero ahora no tenían nada en las manos. Estaban sentados en la sala, con casi toda la familia: su padre, su madre y Dani. Solo faltaba el hermano mayor.
-Montse, hija -sonrió su madre-, estos señores han venido...
-¿Qué quieren? -quiso saber ella sin perder un segundo, comprendiendo de todas formas que era una pregunta estúpida.
-¡Vas a *salir en la tele*! -gritó Dani.

Carolina llegó junto a ella y le cogió una mano. Montse no se sintió sola.

---

siglas, EE.UU son las siglas de Estados Unidos
cadena de televisión, por ej. TVE 1 es una cadena de televisión
salir en la tele, aparecer en un programa de televisión

-Escuchen... -empezó a decir.

Pero el hombre fue quien habló con más decisión.

-Somos del programa "Un tema a debate" -la informó-. Ella es *Judit Comas* y yo soy Jaime *Salanova* y nos encargamos de...

-Lo siento, pero no voy a ir -dijo Montse.

-No entiendo -dijo la mujer-, es un programa de gran *audiencia*, el número uno de los viernes y...

-Por favor -pidió Montse.

Los visitantes miraron a los padres, tal vez en busca de ayuda.

-Montserrat, yo creo que deberías ir -le dijo su madre.

-¿Por qué?

-Porque es bueno hablar de ello.

-¿Para quién? -preguntó Montse-. Yo quiero olvidar y nadie me deja. Ahora queréis que me exhiba como una especie de monstruo.

-Tú no eres un monstruo -dijo el padre.

-No estarás sola -explicó la mujer de la tele-. Habrá otras dos chicas como tú y un chico con un *riñón*...

Montse los detuvo y recordó la humedad de los ojos de Sergio la noche pasada, porque ahora sus ojos estaban llenos de *lágrimas* que querían salir.

-Por favor, ¿quieren dejarme en paz?

Hubo silencio y hasta Dani miró a todos sin entender nada.

riñón   *lágrima*

Judit Comas, Salanova, nombre y apellidos catalanes
audiencia, personas que escuchan (o ven) un programa

-Podríamos hacerte una entrevista aquí -dijo todavía el hombre.

-¿No lo entiende? -Montse casi lloraba-. Quiero que se olviden de mí. Quiero ser una persona normal. Ya basta, por favor, ya basta.

Llegó a su límite. Salió de la sala corriendo, sin soltar la mano de Carolina. Todavía antes de entrar en su habitación y cerrar la puerta pudo escuchar a Dani, su hermano pequeño.

-Entonces, ¿no vamos a salir en la tele?

Veintiuno

Sabía que era un sueño.

A pesar de ello tenía miedo.

En el sueño caminaba por un lugar oscuro, muy oscuro. Era difícil andar, incluso respirar. Y sobre todo no podía despertar.

-¡Vamos, despierta! ¡Hazlo ya! ¡Es solo un sueño! -se gritaba a sí misma.

Entonces oyó lejos un tam-tam.

No veía nada.

Solo sabía que, al escuchar el último tam-tam, todo habría acabado, porque el tam-tam venía de su corazón. Eran los latidos de su corazón.

De repente sintió una mano. Una mano que la cogía y la llevaba lejos de los latidos, lejos de su corazón. Ella quiso resistir, pero no podía. No podía más. La oscuridad era cada vez mayor y cada vez era más difícil respirar.

Entonces *se rindió*.

Justo en ese momento, de alguna parte, le llegó una voz.

-¡Hay uno, hay uno!

La esperanza.

Todo cambió en un segundo. La mano desapareció. Y volvió la luz y el tam-tam se escuchó mucho más claramente.

Se despertó.

Abrió los ojos. Recordó otra cama, otra habitación, el hospital, la mañana que abrió los ojos y le dijeron que estaba viva.

Viva.

Veintidós

Había creído verlo un par de veces, pero no estaba segura de ello. Ahora sí. Lo vio entre las plantas del otro lado del *muro*. Fue a su habitación, se puso una camiseta por encima del bañador y unos vaqueros. Luego salió a la calle.

-¡Sergio!

El chico sonrió.

-Hola.

-¿Qué tal?

-Bien -dijo él simplemente.

-¿Dónde estuviste ayer? Carolina y yo fuimos a buscarte.

---

rendirse, no luchar más, no intentar más conseguir algo
muro, la pared está dentro de una habitación, el muro fuera de la casa, por ej. en un jardín

-¿A la pensión?

-Claro.

-No me dijeron nada.

-Bueno, tampoco *dejamos* ningún *recado*. Bueno -cambió de tema Montse-, ¿qué haces?

-Te estaba esperando.

-¿Por qué no llamabas?

-*No me atrevía*. También me *dio corte* la otra noche. Soy un idiota, lo siento.

-No eres un idiota. Ningún idiota la dice a una chica que es preciosa como me lo dijiste. Y hay momentos en que una necesita oír algo así.

Se miraron fijamente, bajo el sol de junio.

En ese instante Montse deseó tocarle, aunque solo fuera un momento.

-Montse, yo... -comenzó a decir él.

A lo mejor necesitaba la noche y el silencio para hablar, porque ahí terminó todo. Unos segundos después oyeron el ruido de un coche que venía hacia la casa.

-Es mi madre -dijo Montse resignada.

-¡Ay, hija, qué bien! -fue lo primero que dijo su madre al salir del coche-. Ayúdame con las bolsas de la compra -miró a Sergio-. ¿Quién es tu amigo? ¿No me presentas?

Montse deseó estar en otro lugar.

-Mamá, Sergio. Sergio, mi madre.

Ya no había magia. Eran un chico y una chica, en verano, con una madre entre los dos.

---

dejar recado, dejar una nota para alguien
no atreverse, dar corte, ser tímido y tener miedo de hacer algo

Veintitrés

-¡Sí? -gritó Carolina desde el teléfono.
-Soy yo.
-¡Ah, hola! ¿Has visto cómo llueve?
-Mejor, así no tenemos *incendios* en los bosques.
-Tú siempre positiva.
-Ha venido a verme -dijo Montse cambiando el tema.
-¡Huy!
-Bueno, no ha entrado en casa, estaba en la calle. Luego sí, cuando ha llegado mi madre.
-¿Tu madre? Cuenta, cuenta.
-No es lo que crees. Estábamos hablando y en el mejor momento ha aparecido mamá. Él la ha ayudado a meter las bolsas de la compra. Luego se ha ido.
-¡Bien! Así como hablas, *se te declara a la primera*.
-¿Declararse?
-Sí, sí, *a la antigua*, "me gustas", "te quiero" y cosas así.
-No creo -vaciló Montse.
-¿Qué harás si se declara?
-¿Yo? Nada. No quiero problemas sentimentales.
-¡Tener un *rollo de verano* no es tener un problema sentimental! Pásate un buen verano, sin preguntarte nada, y disfruta.
Siempre hablaban de lo mismo y Carolina siempre le decía lo mismo.

> *incendio*, fuego; en verano en España hay normalmente muchos incendios
> *declararse a alguien*, decir a alguien que lo quieres
> *a la primera*, en la primera ocasión, en la primera oportunidad
> *a la antigua*, como antes, como en siglos pasados
> *rollo de verano*, historia amorosa sin compromiso, sin ser novios

-Debería decirle lo que me pasó, ¿verdad?
-Sí, del todo. Ya te lo dije.
-Lo haré.
-Es mejor.
-Vale, vale. Espera -miró hacia la puerta al oír el *timbre*-. Han llamado y no sé si alguien puede abrir.
Escuchó a su madre que entraba en la sala e iba hacia la puerta.
-Te llamaré después -se despidió Montse.
-¿Es él?
-Y yo qué sé. Adiós.
En ese momento volvía su madre a la sala.

timbre

-Montse -le dijo-, está aquí Arturo.

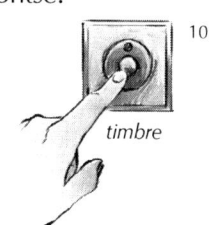

Veinticuatro

Estaba *alucinada*, pero intentó disimular. Primero miró por la ventana. Seguía lloviendo. No podían salir afuera, ni verse allí, en la sala, donde su madre podía oírla. Para hablar solos solo podía ir a su habitación. Algo que no quería.

Arturo no tenía por qué entrar en su habitación.

Salió de la sala y se encontró con él. Ella lo miró con *ira*, pero el chico parecía pedir perdón. Sin decir una palabra, Montse fue hacia su habitación y Arturo la siguió. Cerró la puerta y entonces le habló.

-¿Qué quieres?

Arturo no la miraba a los ojos. Miraba la habitación, buscaba cambios, recuerdos.

alucinado/a, muy sorprendido/a
ira, sentimos ira cuando estamos furiosos

-¡Eh! -dijo Montse llena de ira-, te he hecho una pregunta. Contéstala.

-Quiero que me perdones -dijo él.

-¿Así de fácil? ¿Por qué debería perdonarte?

-Porque te echo de menos.

-Oh, claro, tú a mí.

-Te quiero.

Esas palabras sí que no las esperaba. Hacía un minuto Carolina y ella estaban hablando de Sergio, y el que se declaraba era Arturo. Pensó que la vida estaba llena de *contrasentidos*.

Ahora sí que la miraba a ella. ¿Vería él que ella se había puesto roja? No había mucha luz en la habitación.

-Arturo, por favor... -dijo cansada.

-Entiéndelo -casi gritó él-. ¡Ya te lo dije: creí que ibas a morir, todo el mundo lo decía! Y fui *cobarde*, pero solo porque no quería verte morir.

-No es una *justificación* -le dijo Montse-. ¡Era cuando más te necesitaba!

-Lo sé, ¿crees que no lo sé? Me volví loco...

-Yo sí me volví loca. No sabes lo que es estar esperándote cada minuto en el hospital. No lo sabes. Por eso ya no soy la misma persona.

-Sí lo eres. Los sentimientos no cambian.

Dio un paso hacia Montse, pero ella *rechazó* su mano, furiosa.

---

contrasentido, algo que no se puede explicar, algo contrario a lo esperado
cobarde, persona que tiene miedo
justificación, explicación suficiente, explicación que convence
rechazar, no aceptar, quitar

-Se acabó -dijo claramente-. Tú eres parte del pasado. Olvídame.

-*Te estás vengando.*

-¿Sí? ¿Tú crees que me vengo? ¿Crees que soy tan *inmadura*? Te diré algo: estoy bien, muy bien, pero... ¿y si pasa otra vez algo?

-Esta vez estaré a tu lado.

Montse no se lo pensó dos veces. Abrió la camisa. La cicatriz, de arriba a abajo, apareció con toda su *crueldad*.

-¿Y esto, Arturo? -se tocó con la mano la cicatriz-. ¿Podrás soportar esto?

El chico estaba con la boca abierta. No había dolor ni *asco* en su cara, solo sorpresa.

-Montse... -quiso decir algo.

-Vete, por favor -repitió ella-. Ya sabes el camino.

Con la mano le llevó hacia la puerta. Fue el único contacto. Él la miró a los ojos, pero Montse cerró la puerta y lo dejó en el pasillo, al otro lado de la puerta.

Y se quedó sola, en su habitación.

No lloraba. Al contrario: se sentía fuerte, libre.

Sobre todo libre.

Por eso, al pensar en Sergio, finalmente supo lo que tenía que hacer.

---

vengarse, hacer mal a alguien porque antes esa persona nos ha hecho algo malo
inmaduro/a, persona de poca edad, poco responsable
crueldad, sin compasión, directamente, de modo frío
asco, cuando vemos algo repugnante, muy feo, sentimos asco

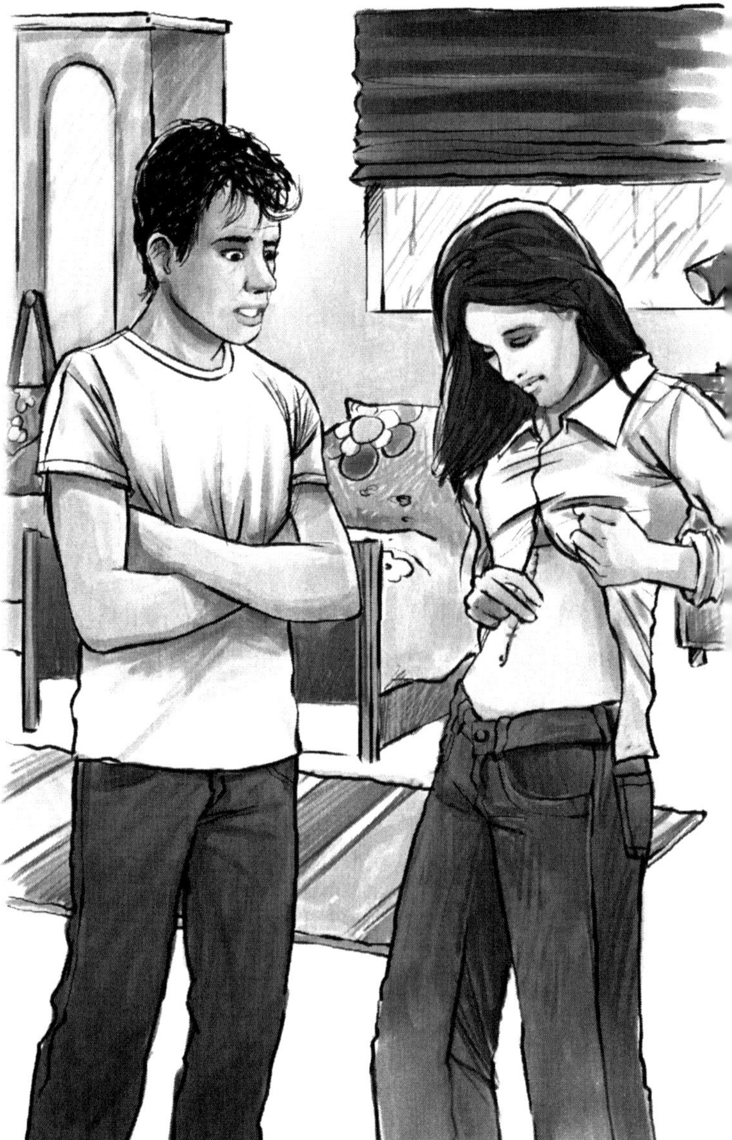

Veinticinco

Ya no llovía, pero ella seguía mirando al cielo, como esperando algo.
 Ya estaba vestida y arreglada. Se iría con su familia a cenar al *Maremagnum* en cinco o diez minutos.
 Todos. La familia feliz.
 Miró el reloj. No sabía si llamar a Carolina o ir a buscar a Sergio para decirle que no podían verse o...
 ¿Y por qué no?
 La visita de Arturo le había ayudado a tener todo claro y no le importaba nada más.
 La vida es riesgo y cada minuto es importante. La felicidad de hoy no la tenemos mañana porque mañana es otro día.
 Hoy, hoy, hoy.
 Ahora.
 Salió de la habitación y buscó a sus padres. Los encontró en el baño, arreglándose.
 -Salgo un momento -les dijo-. Me *recogéis* en la piscina, ¿vale?
 -¿Cómo que...? -preguntó el hombre.
 -¿Adónde vas? -quiso saber la mujer.
 -Tengo que ver a alguien.
 -¿Y vas a ir corriendo a la piscina?
 Eso era el problema para su madre: podía cansarse. Montse casi se echó a reír: su madre no lo sabía, pero su corazón no paraba de latir en aquel momento.
 -Tranquila, voy caminando.

Maremagnum, conocido centro comercial en el puerto de Barcelona, con muchos restaurantes
recoger, ir a buscar, pasar con el coche

Salió sin decir nada más y, cuando ya no se veía la casa, echó a correr. Era la primera vez que lo hacía.

Ya no iba a pasarle nada.

Era demasiado feliz.

5 Llegó a la piscina y miró otra vez el reloj. Ya habían pasado diez minutos desde que salió de casa. Sus padres llegarían pronto. Tenía que encontrarlo antes. Fue hacia el bar de la piscina, pero entre la mucha gente que estaba en las mesas no se encontraba Sergio. Luego miró por la piscina. Nada. Ya iba a volver cuando lo vio bajando unas escaleras.

-¡Sergio!

El chico la vio venir hacia él.

-Escucha -le dijo Montse casi sin poder hablar-, no puedo quedarme, tengo que ir con mis padres a cenar a Barcelona, pero no quería irme sin decírtelo.

-¡Ah! -dijo Sergio desilusionado-. ¿Qué te pasa?

-¿Tú qué crees?

-No sé, pero pareces otra.

20 -Soy feliz.

Y lo abrazó.

Uno, dos, tres largos segundos.

En ese momento se oyó el *claxon* de un coche.

-¡He de irme! -dijo Montse y se separó de él.

25 -¡Montse!

Ella se paró y lo miró desde el primer escalón de la escalera.

-¿Qué?

30 Sergio dudó.

-Nada -dijo finalmente.

Montse volvió hacia él y lo miró. El claxon del coche se oyó de nuevo.

-Dilo -le pidió.
Los ojos hablaron antes que la voz.
-Te quiero -dijo Sergio.
-Ya lo sé -sonrió ella-, pero quería oírtelo decir.
Entonces los labios de él se acercaron a sus labios.

CUARTO LATIDO

Veintiséis

Abrió los ojos y se quedó en la cama, inmóvil.
-¡Dios! -dijo.
Era cierto, no lo había soñado.
Llevó la mano a la boca, al lugar donde Sergio la había besado, ese único beso antes de tener que ir a cenar con su familia. Después, durante la cena, sus padres y sus hermanos tuvieron que preguntarle qué le pasaba, porque ella no paraba de hablar, reír, gritar.
Le habría gustado decírselo a su familia, pero era demasiado pronto.
-Sergio -*suspiró*.
Todo había sido tan *imprevisto*. Todo, tan rápido. Todo, tan increíble.
Tal vez sí. Tal vez la vida tenía una *deuda* con ella y ahora empezaba a pagarla.
Se había enamorado.
Así de fácil, sin problemas. Solo tenía que aceptarlo. Creerlo.

---

suspirar, decir en voz baja, decir con tristeza o amor
imprevisto/a, que no se espera, inesperado
deuda, cuando alguien nos deja dinero, tenemos una deuda con él

-Sergio.
Continuó en la cama, disfrutando del silencio y de la paz del primer día del resto de su vida. Cerraba los ojos y ahí estaba él. Los abría y también.
La vida era una cosa muy extraña.
-Sergio -suspiró por tercera vez.

Veintisiete

Salió del baño y fue a su habitación. Se quitó el *albornoz* y se miró en el espejo.
Se encontró guapa, perfecta. Y no era una ilusión.
Ya había tomado la primera decisión de su nueva vida. Primero se puso la ropa interior. Después unos pantalones cortos. Finalmente tomó una vieja blusa de su armario. Una blusa que había sido su favorita, con un *escote* largo.
Se miró otra vez en el espejo. Se veía la cicatriz que llegaba casi hasta el cuello. No parecía tan dramática como viéndola completa.
Esa cicatriz la acompañaría el resto de su vida.
Su vida.
Sin ella, habría muerto.
Se puso las zapatillas, salió de su habitación y fue hacia la cocina para desayunar algo. Era sábado, así que su padre estaba en casa. También su hermano Julio. Los oyó hablar antes de entrar.
-¡Hola, familia! -saludó.

-¡Vaya horas! ¿No irás a desayunar ahora? -protestó su madre.

-Hola, cariño -dijo su padre.

Fue el primero en verlo, el primero en darse cuenta. Después lo vio su hermano cuando, por el silencio de su padre, levantó los ojos.

Ya solo faltaba la madre, que estaba de pie junto a la cafetera. Montse fue hacia la nevera y sacó la leche.

Entonces su madre vio la cicatriz, el escote.

Pero sobre todo la vio sonreír.

Todos, también Montse, se dieron cuenta de que la madre tenía los ojos húmedos. Pero nadie dijo nada hasta que habló la mujer.

-Bueno, hoy pensaba preparar *chuletas* -dijo-. ¿Os apetecen?

Y para todos las chuletas se volvieron el tema de mayor actualidad del mundo.

chuleta

Veintiocho

Carolina llegó cuando Montse estaba terminando su desayuno. No pudo esperar.

-Ven, vamos a la piscina -le dijo-. Tengo que contarte algo.

-Espera, espera -dijo su amiga-. Tengo algo para....

-No, primero yo. Nada es más importante, seguro.

-Cuando sepas...

Carolina no pudo hacer nada. Montse la llevó hacia la piscina y, nerviosa, no la dejaba hablar.

-¡Ya está! -dijo Montse-. ¡Ya está!

-¿Qué es lo que ya está? -*cedió* finalmente Carolina.
-¡Anoche nos besamos!
-¿Sí?
-¡Síííííí! -gritó Montse.
Era extraño. Carolina no se alegró.

Entonces vio el *sobre* que Carolina tenía en la mano.

-Acabo de verlo. Y me ha dado esto para ti.
-¿Qué?
-Me ha dado esto -repitió Carolina-. Y no parecía... feliz. Incluso le he preguntado qué le pasaba, pero no me ha dicho nada. No entiendo...

Montse cogió el sobre. Carolina en ese momento vio el escote de su amiga, pero no dijo nada. En ese momento solo les interesaba la carta.

Sacó del sobre una hoja de papel escrita a mano. Montse tuvo que sentarse, porque no podía seguir de pie. Justo en el día más feliz de su vida se abría de nuevo una puerta al pasado, al dolor.

sobre

Y firmaba con un simple "Sergio".
-¡*Anda*...! -oyó la voz de Carolina.
-¿Cuándo te ha dado la carta? -preguntó Montse.

---

ceder, hacer lo que otra persona quiere; aquí Carolina deja hablar primero a Montse
¡anda!, así se expresa sorpresa

"Querida Montse:

No sé muy bien cómo empezar estas líneas, ni qué decirte en ellas, sobre todo para no hacerte ningún daño. Anoche, cuando me oí a mí mismo decirte lo que siento, tuve miedo. Todo desapareció cuando nos besamos y entonces supe que lo que buscaba, lo que necesitaba estaba allí, en ese momento. Pero eso fue anoche.

No he podido dormir durante la noche y he comprendido que, al despertar de un sueño, todo vuelve a ser como antes. Te estarás preguntando qué pasa, por qué escribo esto, pero no lo puedes entender. Casi no lo entiendo yo mismo.

Hay una verdad: te quiero. Me he enamorado de ti. No era mi intención, pero ha pasado así. Sin embargo, no es tan sencillo y no quiero hacerte daño. También a mí me han hecho mucho daño. Soy un cobarde, lo sé. La culpa es mía y solo mía. Tenía que haberme ido antes, sin llegar a esto. Eres especial y encontrarás la felicidad. Yo, probablemente, ya no conoceré a nadie como tú.

Te quiero."

—Pues... ahora mismo, antes de venir aquí.

Carolina miró a su amiga. Montse no parecía triste, ni a punto de llorar.

—¡Vamos! —dijo Montse levantándose *de golpe*.

| *de golpe*, de manera inesperada, muy rápido

Veintinueve

Llegaron a la pensión La Rosa llenas de *sudor*. La *dueña* de la pensión estaba en la recepción y las miró sorprendida.
-Sergio... ¿Dónde está... Sergio, por... favor? -dijo Montse, que casi no podía hablar.
La mujer tardó un segundo en reaccionar.
-Se ha ido, no hace ni cinco minutos.
-¿Adónde... se ha ido?
-No lo sé. Ha pagado, ha cogido sus cosas y se ha ido con su moto.
Montse y Carolina se miraron.
-¿Ha dejado algún recado?
-No, nada. ¿Estás bien? -le preguntó la mujer a Montse.
No lo estaba, pero le dijo que sí y salieron fuera.
-Ha vuelto a Tarragona -*reflexionó* Montse.
-Si va en moto -dijo su amiga-, irá por la autopista, por *Vilafranca*. ¿Crees que...?
-No le gusta correr, me lo dijo, pero ya no lo alcanzaremos...
Montse por primera vez mostró su *desánimo*.
-¡Espera! -se abrieron los ojos de Carolina-. ¡Ven, deprisa! Mi hermano hace todo por mí.
Volvieron a correr como locas. Montse compren-

---

sudor, cuando hacemos mucho deporte sudamos; el sudor es el agua que sale de la piel
dueño/a, persona que tiene algo, propietario
reflexionar, pensar
Vilafranca del Penedès, ciudad a unos 25 km de Vallirana
desánimo, desilusión, falta de ganas de hacer algo

dió que iban a casa de Carolina. Por el camino no tuvo tiempo para preguntar nada.

Carolina fue la primera en entrar en la sala y ver allí a Tomás, su hermano mayor, que estaba viendo un vídeo.

-¡Tomás, tienes que ayudarnos, te necesitamos!

-¿Pero qué...? -dijo el chico sorprendido, porque además estaba en *calzoncillos*.

-¡Tienes que llevar a Montse a Vilafranca, Tomás! ¡Es muy importante! ¡Vamos, vamos, muévete!

Mientras Tomás se vestía, Carolina le fue explicando todo.

-¡Lo *atraparás*! -dijo después mirando a Montse.

calzoncillos

Treinta

A lo mejor Sergio no corría mucho, como le había dicho a Montse, pero Tomás sí, quizás demasiado. Montse miraba hacia adelante con la esperanza de ver la moto de Sergio. Ya estaban llegando a Vilafranca.

A lo mejor debería haberle preguntado a la dueña de la pensión la dirección de Sergio. Ella debería tenerla.

Era una posibilidad más.

¿Por qué Sergio nunca le había dado su dirección?

No comprendía nada, nada en absoluto. Todo parecía irreal. En un instante estaba allí, en esa moto, y por su cabeza pasaban fragmentos de la carta: "No

| *atrapar a alguien*, coger a alguien, llegar hasta donde está alguien

era mi intención, pero ha pasado", "también a mí me han hecho mucho daño", "no es tan sencillo"..., y sus recuerdos: la timidez de Sergio, su miedo, la atracción que los dos habían sentido desde el primer día.

Montse tenía sus razones, ¿y él?

En un tiempo récord la moto pasó por la ciudad. Delante del tercer semáforo, Montse lo vio.

Sergio.

-¡Allí! -le gritó a Tomás.

Tomás *aceleró* su potente máquina de quinientos centímetros cúbicos.

Treinta y uno

La moto de Tomás *adelantó* a la de Sergio. Sergio al principio no entendió lo que pasaba. Luego reconoció a Montse y se paró a un lado de la calle.

Montse no esperó ni un segundo. Fue hacia Sergio y, al llegar junto a él, se quedó de pie y lo miró.

La primera palabra tardó segundos en llegar y la pronunció Montse.

-¿Por qué?

No hubo respuesta.

-¿Por qué? -repitió ella con más fuerza-. ¿Qué te pasa?

-Nada -dijo él y bajó los ojos.

-¿Es por esto? -Montse se tocó la cicatriz con la mano izquierda, pero notó que él no la miraba-. ¡Mírame! ¿Es por esto?

acelerar, ir más rápido
adelantar, estar antes detrás y después delante

-¡No! -dijo el chico.
-Dime una cosa: ¿sabías que la tenía?
-Sí.
-¿Sabes lo que me pasó?
-Sí.
-¿Desde cuándo
-Desde el primer día.
-¿Cómo lo supiste?
-Por Dios, Montse -dijo el chico-, ya basta. Eso no importa.

-Tú lo has dicho, no importa -dijo ella-. Lo único que sí importa es que estoy bien. ¿No crees que...? -la emoción no la dejaba hablar.

-Nunca tenía que haber pasado -dijo él.

-¿Por qué? -volvió a gritar Montse-. Y además, ¿qué importa ahora? Ha pasado, ya está.

-Lo sé.

-Entonces, ¿por qué te vas?

Él la miró.

-Por miedo. Te lo decía en la carta.

-¿Miedo de qué?

-Te quiero.

No fue una declaración de amor, sino una afirmación.

-Y yo a ti, por Dios... -*gimió* ella.

-Pero ha sido tan rápido.

-¿Y qué? Yo era la primera que no quería enamorarme, pero estas cosas pasan y ya está. Ahora te quiero, ¿cuál es el problema?

-Es que... -pensó un rato-, soy un cobarde.

gemir, hablar como se habla cuando se llora

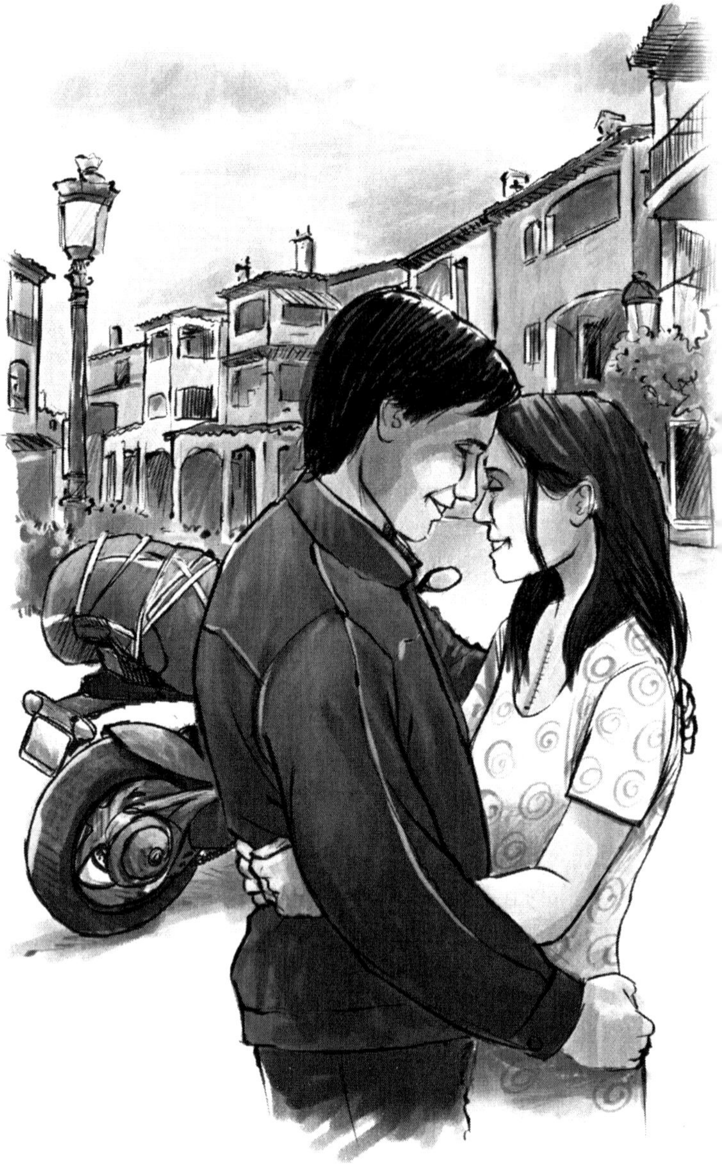

-Todavía no sé lo que eres, pero sí sé lo que no eres y, desde luego, no eres un cobarde. Vuelve conmigo, por favor -le pidió Montse-. Además no tienes que darme un casco, ya tengo.

Sergio casi sonrió.

-Estás loca -dijo él.

-Ya lo sé. Creo que, además del corazón, en el hospital me cambiaron también la cabeza. Pero estoy segura de lo que hago.

Los dos se abrazaron despacio, sintiendo los cuerpos antes de besarse por segunda vez en su vida.

En su universo, todo era paz y silencio.

Tanto, que no oyeron el ruido de la moto de Tomás que volvía solo a Vallirana.

QUINTO LATIDO

Treinta y dos

Carolina entró en silencio en la habitación de Montse. Montse estaba colocando ropa en su armario.

-¡Eh, tía! -protestó Montse-. Podrías llamar, ¿no?

-¿Por qué? ¿Tienes miedo de que *te pille* con él?

-¡Cómo eres!

-Tía, hace tres días que no sé nada de ti, ni te veo ni pareces acordarte de que existo.

-Lo siento -dijo Montse-, pero es que *estoy en el séptimo cielo*.

---

pillar, sorprender, ver a alguien cuando esa persona no lo esperaba
estar en el séptimo cielo, ser muy feliz

-Ya, ya.
-En serio, ni siquiera sé qué día es hoy.
-Tres días sin verte son muchos días. Así que ahora cuenta.
-Pues no hay mucho que contar... Paseamos, hablamos, nos besamos...
-Vamos, una *pareja* feliz.
-Pues sí.
-¿Y te ha explicado algo más?
-No. Quiero *darle tiempo*, en serio -dijo Montse-. Yo no le conté lo mío porque tenía miedo. Él lo entendió. Y Sergio tiene un problema, pero yo no quiero *forzarle*.
-¿Crees que hubo otra chica?
-Es probable -reconoció Montse.
-Así que se fue de Tarragona con ganas de empezar otra vida, y entonces... ¡tú!
-Ya me lo contará, lo sé. Es solo cuestión de tiempo. Ahora lo único que queremos es estar juntos.

Montse se quedó un momento en silencio.

-Cómo cambian las cosas en poco tiempo, ¿verdad? -dijo al fin.

Treinta y tres

Sergio le tocó la cicatriz con los dedos. Después le acarició el cuello.
-No te gusta hablar de esto, ¿verdad? -comentó él.
-No me gustaba, y probablemente siga sin gustar-

---

pareja, dos personas, dos novios
dar tiempo a alguien, esperar
forzar, exigir demasiado, obligar

me, pero contigo es diferente. Nunca hemos hablado de lo que me pasó, pero es mejor si lo sabes todo.

Le pareció que Sergio la miraba de un modo especial.

-Lo llaman *"miocardiopatía dilatada"* -contó Montse.

-¿Por qué todos los nombres médicos son tan raros?

-Bueno, lo que tuve sí fue raro. Te dicen que le pasa a una persona entre millones y, claro, saberlo es peor todavía.

-¿Cómo pudo tu corazón *dilatarse* sin más razón?

-Siempre tuve un corazón muy grande -dijo ella sin ganas de reír.

-En serio -pidió él.

-La verdad es que todo fue muy rápido. Una infección y... Lo único que sabía era que mi corazón, de pronto, ya no funcionaba bien y que necesitaba uno nuevo. ¿Te imaginas? Así de fácil. O me hacían un *transplante*, o adiós.

-¿Qué sentiste cuando te lo dijeron?

-Imagínate. Fue como ver a un *marcianito* verde delante.

-¿Pensaste que te morirías?

-Es difícil de decir. Tenía muchas esperanzas, ¿sabes? Muchas. Pero los días pasaban... -Montse hablaba con naturalidad-. Al llegar el final, esa última noche... entonces sí creí que no lo contaría. Y no quería

---

miocardiopatía dilatada, enfermedad en la que el corazón se vuelve más grande
dilatarse, hacerse más grande
trasplante, cambiar un órgano, como el corazón, por el órgano de otra persona
marcianito, persona del planeta Marte, extraterrestre

morir. No. Me repetía que tenía tantas cosas por hacer. Finalmente apareció ese corazón, cuando me dijeron que iban a operarme y que viviría.

En ese momento Montse se dio cuenta de que no era Montse la que tenía los ojos húmedos. Era Sergio.

-Tranquilo -le dijo-. Ya pasó.

Cogió la mano del chico, se la llevó al pecho y su corazón empezó a latir mucho más rápido.

Treinta y cuatro

Sabía que su madre llevaba unos días nerviosa, con una pregunta que no se atrevía a hacer. Por eso no le extrañó que ahora, que estaban solas en la cocina, le hablara.

-Montse, ese chico...

Montse se resignó. No quería decirle que era solo un amigo y todas esas tonterías.

-¿Sergio?

-Sí, Sergio -dijo la madre.

-¿Qué pasa con él?

-Ha venido aquí algunas veces, te han visto con él por el pueblo...

-Y quieres saber qué pasa -dijo Montse.

-Bueno, tampoco es eso.

-Mamá -Montse sonrió-, que te conozca.

La madre se alegró de ver su sonrisa. Había esperado verla enfadada o algo parecido. Pero su hija parecía sentirse feliz, contenta.

-¿Quién es? -preguntó.

-Es de Tarragona y ha venido a trabajar aquí.

-¿De Tarragona, Tarragona?

-Sí.

—¿Y sabes algo de él?
—Que es *encantador*, de buena familia, y que le quiero mucho.

Su madre la miró con los ojos muy abiertos. Montse seguía sonriendo.

—¿Sois novios?
—No lo sé -dijo Montse-. Ahora casi nadie usa esa palabra. Pero me *cae bien*, y yo a él.
—En cuanto a lo de tu corazón...
—¿Tú crees que el amor es malo para un *corazón de recambio*?
—Hija...
—Tranquila, ¿vale? ¿Si te digo que Sergio es lo mejor que me ha pasado en la vida y que, encima, ha llegado en el momento oportuno?
—Ten cuidado, ¿de acuerdo?
—Lo tendré.

Montse se sintió mejor cuando se metió en su habitación y dejó sola a su madre, que todavía estaba bajo los efectos de la impresión recibida.

SEXTO LATIDO

Treinta y cinco

Carolina tenía razón: habían hablado sobre Sergio y había muchas cosas que ninguna de las dos entendían. Y Montse necesitaba saber para comprender, comprender para quererlo sin dudas.

encantador/a, persona muy agradable y simpática
caer bien, encontrar simpático
corazón de recambio, un segundo corazón, a cambio del primero

Ya era hora de saber la verdad, de preguntar. Ya estaba cansada de no hablar del pasado: una novia o un amor frustrado, problemas con sus padres, no querer estudiar o problemas con las drogas...

Antes de salir de su habitación y de ir a buscarlo, leyó por última vez su carta, aquella carta.

Allí tenía que haber alguna *pista* para comprender.

Sacó la hoja de papel del sobre. Se sabía la carta de memoria.

"Te estarás preguntando qué pasa, por qué escribo esto, pero no lo puedes entender".¿Tan difícil era entender? ¿Por qué no podía entenderlo ella? "No era mi intención, pero ha pasado así". ¿De qué estaba hablando con eso? "Tenía que haberme ido antes, sin llegar a esto". ¿Antes? ¿Sin llegar a esto, a enamorarse? De nuevo los porqués.

Metió el papel en el sobre y el sobre en una pequeña *arqueta*. Luego la cerró con llave.

Sergio, Sergio, Sergio.

Pensaba en él, soñaba con él, todo lo hacía ya con él.

Salió de la habitación y sintió el nerviosismo de quien va a buscar la verdad.

arqueta

Treinta y seis

Fue caminando hacia la pensión La Rosa despacio, con tiempo para pensar, para buscar las palabras adecuadas.

Cuando llegó, en la recepción no había nadie.

| *pista*, ayuda

-¡Eh! -llamó-. ¿Hay alguien?
La dueña salió de una puerta.
-¿Sí? -preguntó.
Sabía perfectamente a quién iba a buscar.
-¿Está Sergio?
-Sí, debe de estar arriba. No veo aquí la llave de su habitación.
-¿Puede avisarlo?
-¡Hija, ahora tengo mucho que hacer! -protestó la mujer-. ¡Sube tú!
Montse se quedó *boquiabierta*.
-¿Puedo subir?
-Pues claro, si has venido a buscarlo... Pero en cinco minutos tienes que volver a bajar o se lo digo a tu madre.
-¡Mujer!
-Venga, que en verano no tenéis nada que hacer y solo venís a molestar. ¡Cinco minutos y mejor todavía dos!
La mujer volvió a irse por la puerta por la que había entrado.
La habitación de Sergio estaba en el primer piso. Montse subió las escaleras y llegó al pasillo. Era la tercera puerta. Llamó.
Silencio.
-¿Sergio? -dijo en voz baja.
Nada.
Comprobó si la puerta estaba abierta. Estaba abierta. Miró en el interior de la habitación, pero allí no había nadie.
-Sergio -lo llamó de todas formas por segunda vez.
No sabía qué hacer. Si la llave no estaba en la recep-

| *boquiabierto/a*, con la boca abierta, muy sorprendido

ción, es porque Sergio estaba en la pensión. Iba a buscarlo, a bajar otra vez a la recepción, cuando se detuvo.

Allí vivía él, allí dormía él.

Entró, pero dejó la puerta abierta. La habitación era pequeña y en ella solo había una cama, un armario y una mesita con una silla. Sonrió al ver que la cama también era pequeña. Tocó las *sábanas*. Luego miró el armario, que estaba cerrado, y finalmente la mesita.

Entonces la vio.

La fotografía.

La fotografía de una chica rubia, de ojos grises, que sonreía con una luz especial, llena de *encanto*.

Montse se quedó mirando esa cara sonriente. Cogió la foto y la sonrisa de la chica se volvió más clara, más luminosa. En la parte inferior había una *dedicatoria*: "Eternamente tuya, con amor, Gloria".

Su cabeza estaba en blanco, su corazón paralizado. Continuó mirando la foto, sin pensar en nada, sin poder separarse de la foto, hasta que oyó una voz familiar.

La voz de Sergio, en la puerta.

-Quise decírtelo.

Miró hacia él, que estaba pálido, tan *destrozado* como ella. Los dos estaban en silencio.

Después se oyó a sí misma preguntar.

-¿Quién es?

-Se llamaba Gloria.

Un nuevo silencio, una larga pausa.

-Tú llevas su corazón -dijo Sergio.

---

sábana, ropa de la cama; típicamente una sábana es blanca
encanto, simpatía
dedicatoria, frase que escribimos, por ej. en un libro, cuando lo regalamos
destrozado/a, muy triste, sin ánimo

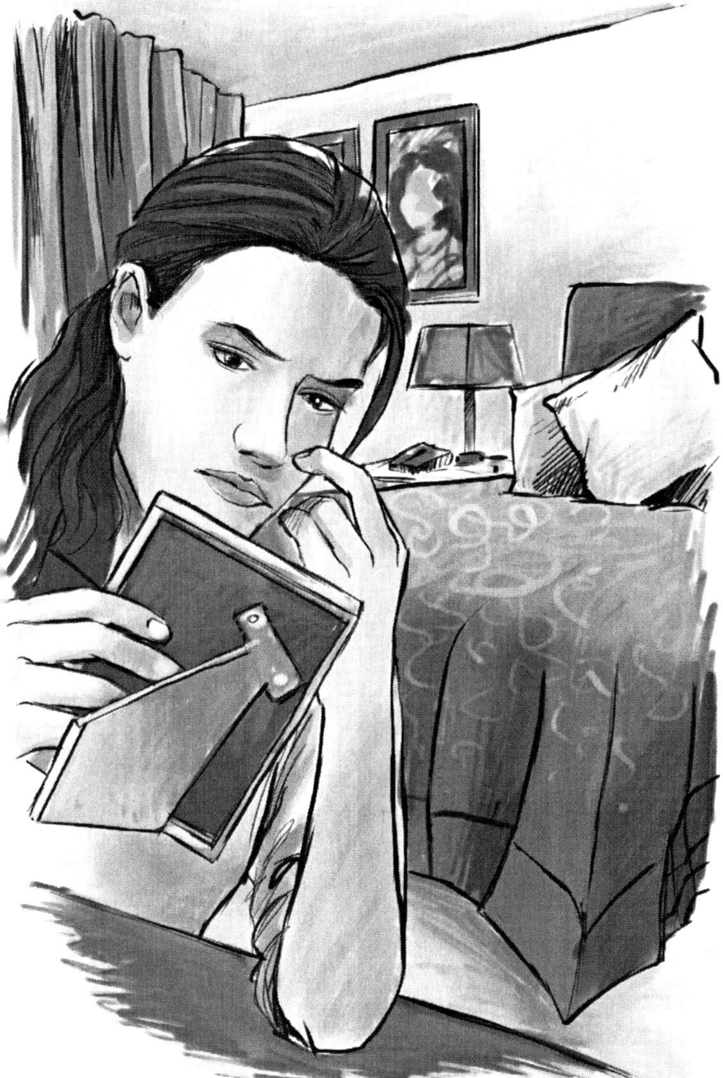

Treinta y siete

Ahora entendía cada frase de aquella carta: "no quiero hacerte daño", "la culpa es mía y solo mía", "tenía que haberme ido antes".

Sergio fue hacia ella, pero ella *se apartó*, con un movimiento rápido.

-¿Quién eres? -preguntó Montse.
-Sergio, ya lo sabes.
-No, no te conozco.
-Montse...
-Háblame de ella -pidió.
-¿Qué puedo decirte?
-¿La querías?
-Sí -reconoció él.
-¿Qué sucedió?
-Por favor...
-¡Dímelo!

máscara

Su grito fue como un golpe para Sergio. Él estaba destrozado, pero el *rostro* de Montse parecía una *máscara*.

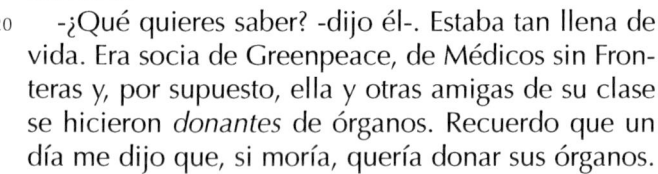

-¿Qué quieres saber? -dijo él-. Estaba tan llena de vida. Era socia de Greenpeace, de Médicos sin Fronteras y, por supuesto, ella y otras amigas de su clase se hicieron *donantes* de órganos. Recuerdo que un día me dijo que, si moría, quería donar sus órganos. Así habría algo de ella en este mundo. "Si me quieres, estaré viva para ti, porque estaré donde esté mi corazón", me dijo.

> *apartarse*, separarse, alejarse
> *rostro*, cara
> *donante*, persona que, después de morir, da sus órganos, como el corazón, para salvar a otra persona; el verbo es "donar"

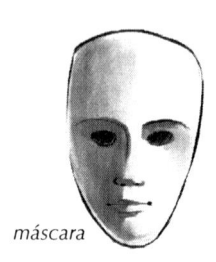

Sergio hizo una pausa, después continuó.
-Después, aquel día, cuando tuvimos el accidente de coche...
-¿Cómo supiste que yo llevaba su corazón?
-Mi hermano es médico. Y un tío mío también lo es. Estas cosas nunca se dicen a otras personas, pero para ellos fue muy fácil saberlo. Así que... cuando supe quién eras y que vivías tan cerca... pensé casi en el *destino*. Solo quería verte, saber quién llevaba ese corazón, no sé... Pero hablamos, vi tus ojos, vi cómo eres... y entonces pasó, me he enamorado de ti. Y ahora sé que te quiero. ¡Esa es la única verdad!
-No, Sergio, no -ella movió la cabeza-. Crees que me quieres, pero no es verdad.
-¡Sí lo es!
-¡Amas el recuerdo de Gloria y su corazón, pero no me amas a mí!
-De verdad que...
-¡No! -gritó ella.
Él quiso *sujetarla*, pero ella fue más rápida.
Salió corriendo por la puerta.
-¡Montse! -oyó la voz de Sergio unos metros detrás de ella.
Ya estaban en la calle.
-¡Déjame! -gritó ella.
De pronto Montse notó que casi no podía hablar.
-Montse, ¿qué te pasa? -oyó a Sergio.
¿Qué pasaba?
Sí, ¿qué le estaba pasando?
El corazón de Gloria, su corazón, ya no latía normal-

---

destino, la suerte, algo que tiene que pasar necesariamente
sujetar, coger a alguien para que no se vaya

mente. Ahora sus latidos eran irregulares, *anárquicos*.

Montse no pudo seguir de pie.

-¿Qué tienes? ¡Por Dios! Tienes que vivir, tienes que vivir.

5 -¿Porque llevo su co...ra...zón?

-No -la besó en la frente-. Porque te quiero. Por favor, Montse, tienes que *luchar* de nuevo, por favor...

Junto a ellos ya estaban las primeras personas.

10 Sergio las miró.

-¡Una *ambulancia*! -gritó entonces-. ¡Que alguien llame a una ambulancia!

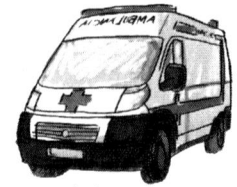

ambulancia

Treinta y ocho

Fue Carolina la que abrió la puerta.

15 -¿Cómo está? -le preguntó Sergio.

-Fuera de peligro -dijo Carolina.

Sergio cerró los ojos. Las palabras de la chica le llenaron de paz.

-Ha sido una *arritmia cardíaca*, algo peligroso,
20 pero... normal en una persona como ella. Estará un día más en el hospital.

-¿Has... hablado con ella? -quiso saber Sergio.

-Sí, y lo sé todo. ¿Por qué viniste aquí, eh? Y cuando conociste a Montse, ¿por qué te quedaste, por qué
25 dejaste que se enamorara de ti? ¡Tu Gloria se murió!

---

anárquico/a, aquí significa que el corazón no late a un ritmo normal
luchar, esforzarse, intentar algo con mucha fuerza
arritmia cardíaca, se tiene cuando el corazón late de modo irregular

-¿Crees que no lo sé?
-¡Eres un cerdo!
-La quiero, Carolina, de verdad -dijo él.
-Entonces, ¿por qué no vas a verla?
-No puedo.
-¿De qué tienes miedo ahora?
-No va a perdonarme. Y no quiero que vuelva a tener un *ataque*.
-¿Y qué vas a hacer cuando salga del hospital?
-Me voy ahora mismo -dijo Sergio.
Ella parecía no entenderle.
-¿Ahora? ¿Adónde?
-A mi casa. Tengo que empezar a estudiar.
-¿Así de fácil?
-No, no es fácil -Sergio movió la cabeza-. Es lo más difícil que he hecho en mi vida. Pero comprendo que es mejor así. Adiós.
Sergio empezó a andar. Ella quiso gritar, quiso echar a correr y sujetarle, pero al final solo hizo una pregunta.
-¿Y qué le digo a ella?
-Que la quiero -fue lo último que dijo Sergio.

SÉPTIMO LATIDO

Treinta y nueve

Montse dudó un momento, solo un momento. Su corazón latía muy rápido, pero no tenía miedo de él. Nunca más iba a tener miedo de él.

| *ataque*, una arritmia cardíaca

Luego llamó a la puerta.
-¿Sí? -dijo una voz femenina.
-¿Está Sergio, por favor?
-Sí, pasa.

Escuchó cómo se abría la puerta y entró en un bonito jardín que llevaba hacia una casa de dos plantas. En la casa le esperaba una mujer con una sonrisa agradable.
Supo inmediatamente que era su madre.
-Hola, querida, pasa. ¿Tú eres...?
-Montse.
-Adelante, Montse.
La hizo entrar. La casa era preciosa y ella estaba algo impresionada.
-Siéntate -la invitó la mujer-. Voy a buscarlo, porque está arriba. ¿Quieres tomar algo?
-No, gracias.
-Hasta luego.

Montse no se sentó. Miró por la ventana la piscina, mucho más grande que la suya. Después miró el pasillo. Allí debían estar las habitaciones. Esto la hizo reaccionar.
Instintivamente.
Caminó hacia las habitaciones, sin prisa, y pasó delante de la primera puerta. Vio una cama preciosa y la clásica habitación de una chica. Pasó por una segunda puerta, cerrada, y en la tercera puerta vio que había encontrado lo que estaba buscando.
Allí estaban las *señas de identidad* de Sergio: su ropa sobre la cama, libros, algún póster.
Su cabeza se llenó de recuerdos.

señas de identidad, características, todo lo que nos permite reconocer a una persona

Desde la puerta miró la habitación, despacio. Y en la mesa vio una fotografía que conocía y recordaba. Fue hacia la foto y la cogió.

Después sonrió.

Claro que conocía esa foto. Sergio le había sacado esa foto la primera mañana que se bañó en su piscina, con la cámara de Carolina.

-Era mi novia.

Vio a Sergio en la puerta.

-¿Qué le pasó? -preguntó Montse.

-No lo sé. *Escapé* de su lado como un idiota y ella casi se muere por mi culpa.

-¿Le hiciste daño?

-No -movió la cabeza y luego repitió despacio-. No, ¿cómo podía hacerle daño si era todo para mí?

-¿La querías?

-La quiero.

-¿Por qué crees que ella no podía perdonarte?

-Fue una extraña historia de amor.

-¿Cómo se llama?

-Montse -Sergio la miró y sonrió.

-¿Y Gloria?

-Ella murió.

-¿Ya la has olvidado?

-Nunca la olvidaré.

-Está bien -aceptó Montse.

Montse dejó la fotografía otra vez sobre la mesa y fue hacia él. Se encontraron en el centro de la habitación, junto a la cama, y se miraron a los ojos antes de abrazarse. Después estuvieron así un minuto, tal vez dos.

| *escapar*, irse, correr

Y en ese tiempo solo oían los latidos de sus corazones.

El corazón de Montse latía con un ritmo perfecto, lleno de vida.

Ejercicios

1. **Esto pasa en la novela**
   Primer latido
   1) ¿Cómo se conocen Montse y Sergio? ¿Es una casualidad?
   2) ¿A quién le cuenta Montse después lo que pasó en ese encuentro?
   3) Montse está en la cocina con su familia. ¿Qué le molesta a Montse de su familia?
   4) Montse y Sergio vuelven a verse. Sergio le cuenta que es de Tarragona. ¿Por qué está entonces en Vallirana?

   Segundo latido
   5) El doctor Molins examina a Montse. ¿Qué le aconseja? ¿Cómo debe vivir Montse?
   6) Montse le habla a Sergio sobre Arturo. ¿Quién fue Arturo para Montse?
   7) Arturo espera a Montse y los dos discuten. ¿Cómo se portó Arturo cuando Montse estuvo en el hospital? ¿Por qué se portó así?

   Tercer latido
   8) Sergio y Montse van juntos a la discoteca y pasan la tarde juntos. ¿Qué cosas no son típicas en Sergio de una persona que busca trabajo?
   9) Sergio lleva a Montse a su casa y le dice que es preciosa, pero después se va sin declarar su amor. ¿Cómo explica Carolina esa reacción de Sergio?

10) Montse ve en su casa a dos personas de la televisión y se enfada. ¿Por qué se enfada?
11) ¿De quién espera Montse una declaración de amor? ¿Pero quién se le declara primero?

Cuarto latido

12) Montse está enamorada. ¿Cuál es la primera decisión de Montse en su nueva vida respecto a su ropa? ¿Cómo reacciona su familia?
13) En la carta que Carolina le da, Sergio le cuenta a Montse que se va. ¿Cuál es la reacción de Montse?
14) En la pensión La Rosa ya no está Sergio. ¿Qué idea tiene entonces Carolina?

Quinto latido

15) Montse le cuenta a su amiga que está „en el séptimo cielo". ¿Qué quiere decir con esa expresión?
16) Por fin Montse le cuenta a Sergio sobre su enfermedad. ¿Cuál era la única esperanza que tenía Montse para poder seguir viva?

Sexto latido

17) En la habitación de Sergio, en la pensión, Montse encuentra la foto de una chica. ¿Quién era esa chica?
18) Montse tiene que ir otra vez al hospital. Entonces Sergio decide volver a Tarragona. ¿Por qué se va y no acompaña a Montse?

Séptimo latido.

19) Montse visita a Sergio en su casa de Tarragona. ¿De quién es la foto que Sergio tiene ahora en su habitación?

2. El corazón

El corazón es el tema central de esta novela. Por un lado el corazón como órgano que puede estar enfermo, por otro lado el corazón como símbolo del amor. Ordena las siguientes palabras en uno de los dos grupos. Busca también más palabras que conozcas.

> estar enamorado/a • cardiopatía • latidos
> transplante • amar • cardiólogo • amado/a
> enamorarse • latir • electrocardiograma
> amante • romper el corazón • arritmia cardíaca
> donante • tener un corazón muy grande

amor	corazón como órgano del cuerpo

3. El amor le llegó a Montse de modo imprevisto e inesperado

El prefijo *in-* o *im-* se usa en español con el significado de *no*.

a) Escribe ahora lo contrario de las siguientes palabras.

esperado	*inesperado*
creíble	_____
maduro	_____
dependiente	_____
previsto	*imprevisto*
posible	_____
prudente	_____

b) *Mira ahora las siguientes palabras de la novela y escribe después una regla para el uso de la letra n o la letra m antes de consonantes.*

timbre • inmediatamente • cambiar • silencio
empezar • comprender • inmóvil • entender
sonreír • ambulancia

4. Sergio y Arturo

a) Sergio y Arturo son dos chicos muy diferentes. Indica cuáles de estas frases se refieren a Arturo, cuáles a Sergio y cuáles a los dos.
   1. Abandonó a Montse cuando ella estaba a punto de morir.
   2. No quería enamorarse, pero se enamoró de ella.
   3. Era tímido y no se atrevía a hablar directamente con Montse.
   4. Montse ya no lo odia, pero tampoco lo quiere.
   5. Tenía mucho miedo de ver morir a Montse, no lo soportaba.
   6. Cuando vio la cicatriz de Montse, no supo reaccionar de modo adecuado.
   7. Se separó de Montse porque no quería que Montse volviera a tener problemas con el corazón.
   8. Se portó de modo muy inmaduro, fue cobarde.

b) Cuando Arturo se entera de que Montse va a morir, no puede soportarlo, abandona a Montse y se va con otra chica. ¿Te parece una reacción normal en esa situación o te parece una reacción muy cobarde? Razona tu respuesta.

c) Te has enterado de que una amiga tuya está saliendo ahora con Arturo. Escríbele una carta en la que le cuentas por qué debe tener cuidado. Cuéntale lo que sabes sobre su historia con Montse.

5. Montse y Carolina

a) Carolina es la mejor amiga de Montse, pero a veces su modo de actuar es un poco extraño. Explica si te parecen bien o mal estas acciones de Carolina y por qué.

   1. Carolina sabe que el bañador de Montse es horrible, pero prefiere no decírselo.
   2. Cuando Sergio está con las dos amigas, Carolina se inventa que tiene una cita con un Ismael (que no existe) para dejarlos solos a los dos.
   3. Carolina le dice siempre a su amiga que tiene que disfrutar del presente, buscarse un chico para el verano y no pensar en el futuro.
   4. Carolina va a buscar a su hermano para que Montse, en la moto de su hermano, pueda alcanzar a Sergio, quien se quería ir de Vallirana.

b) ¿Crees que Carolina es una buena amiga de Montse? Razona tu respuesta.

6. El corazón de Gloria

a) Sergio se entera de quién tiene el corazón de Gloria porque tiene un tío y un hermano médicos, pero en realidad está prohibido saber quién es el donante de un órgano.
Si tú recibieses un órgano, ¿te gustaría saber de qué persona fue el órgano? Razona tu respuesta.

b) ¿Tienes tú un carnet de donante de óganos? ¿Te gustaría a ti donar órganos? Explica por qué sí o no.

Ver más actividades en
www.easyreaders.eu

EASY READERS Dinamarca
ERNST KLETT SPRACHEN Alemania
ARCOBALENO España
LIBER Suecia
PRACTICUM EDUCATIEF BV. Holanda
EMC CORP. EE.UU.
EUROPEAN SCHOOLBOOKS PUBLISHING LTD. Inglaterra
WYDAWNICTWO LEKTORKLETT Polonia
KLETT KIADO KFT. Hungría
NÜANS PUBLISHING Turquía
ITALIA SHOBO Japon
ALLECTO LTD. Estonia

Véase lista completa de títulos en el interior de la contracubierta.
Esta edición ha sido resumida para hacerla de fácil lectura a los estudiantes de español.
Los textos, aunque simplificados, conservan el estilo y el espíritu del original.
En cuanto al vocabulario, las palabras que no tienen una alta frecuencia en el lenguaje o que son difíciles de comprender dentro del contexto en el que se encuentran, se explican por medio de dibujos o por definiciones en forma de notas a pie de página, escritas en español sencillo.
EASY READERS puede emplearse siempre en centros docentes, en el autoestudio o por el simple placer de leer.
EASY READERS existen también en alemán, inglés francés, italiano y ruso.

PUBLICADOS:
Miguel Buñuel: Las tres de la madrugada (A)
Francisco García Pavón: Los carros vacíos (A)
Homero Polar: El misterio del capirote asesino (A)
Lope de Rueda: Las aceitunas y otros pasos (A)
José María Sánchez-Silva: Marcelino pan y vino (A)
Jesús Fernández Santos: Muy lejos de Madrid/El primo Rafael (A)
Manuel L. Alonso: Las pelirrojas traen mala suerte (B)
Bernardo Atxaga: Lista de locos y otros alfabetos (B)
Pío Baroja: Las inquietudes de Shanti Andía (B)
Jesus Luis Martinez Carazo: El mal de Gutenberg (B)
Miguel Delibes: El príncipe destronado (B)
Jordi Sierra i Fabra: La música del viento (B)
Carmen Martín Gaite: Las ataduras (B)
Benito Pérez Galdós: Tristana (B)
Fernando Lalana: Amnesia (B)
Anónimo: Lazarillo de Tormes (B)
Francisco García Pavón: El carnaval (B)
Benjamín Prado: Raro (B)
Emili Teixidor: El crimen de la Hipotenusa (B)
Ignacio Aldecoa: Cuentos (C)
Blanca Álvarez: El curso en que me enamoré de ti (C)
Miguel Ángel Asturias: Leyendas de Guatemala (C)
Carmen Martín Gaite: Caperucita en Manhattan (C)
Don Juan Manuel: El Conde Lucanor (C)
Ana María Matute: Historias de la Artámila (C)
Juan José Millás: Papel mojado (C)
Francisco García Pavón: Las hermanas coloradas (C)
Ramón J. Sender: Réquiem por un campesino español (C)
Jordi Sierra i Fabra: La memoria de los seres perdidos (C)
Jordi Sierra i Fabra: Donde esté mi corazón (C)
Jorge Gomez Soto: Respirando cerca de mí (C)
Oriol Vergés: Un pueblo contra los Hamid (C)
Miguel de Cervantes: Don Quijote de la Mancha
                      (Primera parte) (D)
Miguel de Cervantes: Don Quijote de la Mancha
                      (Segunda parte) (D)

TEXTOS ORIGINALES COMPLETOS:
Carmen Martín Gaite: Lo que queda enterrado
Luis Mateo Díez: Tres Cuentos (D)